사랑하는 당신에게 드립니다.

_____ 님께

_____ 드림

왜?
그들은 변하지 않는가?

거듭난 크리스천인데 왜? 변하지 않을까?

왜? 그들은 변하지 않는가?
....
초판 1쇄 발행 2019년 6월 20일

지은이	이요나
발행	미성문화원
편집인	장시왕
본문디자인	김지영
교정	심하영
표지디자인	지승연

....
출판사신고	2004년10월6일. 제 2004-000095호
주소	서울시 영등포구 여의대방로5길2 (신길동)
	www.meesung.co.kr
전화	1599-5117 02-832-5556,5554
팩스	02-833-4400
ISBN	979-11-86157-22-0

왜?
그들은
변하지
않는가?

거듭난 크리스천인데 왜? 변하지 않을까?

목차
contents

머리말 8

나의 간증 11

제 1장 — 왜? 그들은 변하지 않는가? 29

제 2장 — 믿음을 갖는 순서가 바뀌었다 35

제 3장 — 예수그리스도와 성령 43

제 4장 — 주인이 바뀐 신자는 성령님에 대하여 잘 알아야 한다 57

제 5장 — 주인이 바뀐 신자는 마귀에 대하여 알아야 한다 63

제 6장 — 주인이 바뀐 신자는 성화훈련에 집중해야 한다 71

제 7장 — 한국 교회 문제 75

제 8장 — 훈련을 위한 교재 81

머리말

　주님의 은혜로 은사 집회 목회를 한지 십 수 년이 된 어느 날 필자가 목회하는 교회에서 불미스러운 사건이 터졌다.
　사건의 주인공은 20여 년 동안 교회 일에 건실하게 충성한 집사였다. 교인들은 그를 천사와 같다고 말을 했다. 그가 스캔들을 만든 것이다. 처음엔 목사를 비롯하여 모두가 믿지 아니했다. 확인해본 결과 사실이었다. 목사는 그가 와서 당연히 용서를 구하리라 믿었다. 회개하면 용서는 당연한 것이었다. 언제든지 죄를 지을 수 있는 것이 인간이기 때문이다. 예수님이 죄인을 용서하시기 위해서 오시지 않았는가? 그러나 상황은 전혀 다르게 전개되었다. 궁지에 몰리게 되자 스캔들은 목사가 했다고 자기가 보았다고 모함을 한 것이다. 젊은 교인들이 그가 보았다고 말한 것을 토대로 검증을 했다. 날조였음이 밝혀졌다.
　여하튼 그 일로 교회와 목사는 엄청난 피해를 보게 되었다. 은밀하게 더 조사해보니 그가 해온 유사한 일이 한 두건이 아니었다. 그는 양의 탈을 쓴 이리였다. 하나님께서 오랫동안 교회 안에서 은밀하게 벌어지고 있었던 것을 다 드러내신 것이었다. 필자는 그가 행한 처사로 멘붕이 되었고 배신감으로 잠을 이룰 수가 없었다. 그런 중에 서울의 이모 목사의 이야기를 듣고 필자는 좀 위로를 받을 수가 있었다. 이 목사님은 한 학생을 중학교 때부터 교회에서 후원하여 교육을 시켜 미국 유학까지 보내고 공부를 마치고 돌아온 그를 후임 담임 목사로 취임시켰다고 한다. 담임목사로 취임한 후 일 년 만에 그동안 부모처럼 자기를 후원하고 보살펴 온 전 담임목사를 교회에서 축출했다는 내용이다. 그 목사님이 겪은 쓰라림은 필자보다 더 깊었으리라 생각되었다.

멘붕에서 깨어난 필자에게 끊임없는 질문이 생겼다. 도대체 어찌된 것인가? 세상 사람도 그렇게 못하는데 신자가 양심을 저버리고 그런 파렴치한이 될 수가 있는가? 무엇이 잘못된 것인가? 가정교육인가? 그가 교인이 되기 전 부터 필자와 교제를 해왔던 그의 부친은 고시를 합격한 고위 공무원 출신이 아닌가? 그 자신도 일류 대학 출신이 아닌가? 그동안 목사가 그를 얼마나 사랑하고 신뢰했던가? 3자녀 모두가 본 교회에서 태어나 자라지 않았는가? 그의 신앙생활도 20년이 넘지 않았는가? 은사를 체험한 신자가 아니었는가? 내외가 한 번도 주일을 거르지 않았던 신자가 아닌가? 교회에서 오랫동안 중직(회계)을 맡고 있던 안수 집사가 아닌가? 그런데 어떻게 그가 그런 언행들을 할 수가 있단 말인가? 목사의 설교와 가르침이 어디서 잘못된 것인가? 신앙의 출발점이 어디서 잘 못된 것인가? 유사한 사건을 만났을 때 다른 교인들의 처신은 어떤 것일까? 등등 수많은 질문이 쏟아져 나왔다.

주변 다른 교회들을 살펴보았다.

내가 사는 지역에 교인이 많이 모이는 교회가 몇 개있다. 교회에 대한 부정적인 소식은 주로 거기서 나온다. 어느 교회가 또 목회자를 바꾸었다 한다. 그 교회는 목회자가 2년을 못 견디고 떠난다. 어떤 교회는 주일날 성전 안에서 목사 측과 장로 측이 대판 싸웠다고 한다. 장로 측에서 나와 강대상에 있는 목사를 끌어내렸다고 한다.

한 교회당에서 장로 측과 목사가 갈라져 예배를 드린다고 한다. 소송중이라고 한다. 예배시간에 상대측에 대하여 서로 마귀라고 비난한다고 한다. 목사 측에서 깡패를 사서 반대하는 측 사람들을 위협했다고 한다.

세상 사람들 사이에서도 없을 언행을 자행하는 그들이지만 주일마다 교회에 나와 목을 곧추세우고 찬송을 부르며 예배를 드린단다.

또 다른 부끄러운 이야기들이 있다. 어느 보수 교단 장로님이 강사 목사의 말이 자기 마음에 들지 않는다하여 누가 저따위를 교회에 초청했느냐고 예배 중에 일어나 고함친 사건도 있었다. 이게 어찌 된 것인가? 어느 교회에서는 재정 집사가 마권을 사는 도박 행위로 수만 불 교회 헌금을 횡령한 사건도 있었다. 담임 목사는 책임지고 교회를 떠났고 교회는 아수라장이 되었다.

크리스천이라는 신자들이 하나님보다 마귀를 더 기쁘게 했던 부끄러운 사건들은 너무 많아 다 헤아릴 수가 없다. 이제는 그런 일들이 생겨나도 세상 사람들도 놀라지 않고 교회와 신자들이 행하는 일상의 언행으로 여기게 되었다.

도대체 수 십 년 신앙생활을 하고 은사를 체험하였음에도 왜? 그들에게서 근본적인 변화가 일어나지 않는가? 어찌 된 것인가? 그 이유가 무엇인가? 무엇이 문제의 핵심인가? 교인들이 변하지 않는 것이 전적으로 교회의 책임이 아닌가? 어디서 잘못되었는가? 교회가 하나님, 예수님, 성령님이 살아계시다고 가르치지 않았는가? 교회에서 가르치는 성경 공부에 문제가 있는가? 목사의 설교와 행하는 세례예식에 문제가 있는 것은 아닌가? 등등 이런 여러 가지 질문에 대하여 답을 얻기 위해 모태 신앙인인 나 자신의 신앙 여정을 살펴보기로 했다.

먼저 필자의 지난날을 간단하게 소개하려고 한다.

나의 간증

필자 간증

모태 신앙인 필자는 유년부부터 고등부를 마칠 때까지 큰 병에 걸려 누워있지 않는한 단 한 번도 교회 출석에 빠진 적이 없었다. 그래서 교회 안에서는 항상 모범 학생이었다. 초등부 때는 성경 구절을 잘 외워 딱지와 구슬로 주는 상품을 내가 독차지했었다.

중학교와 고등학교는 그 당시 전국에서 명문으로 꼽는 학교에 다녔다. 학교 성적 등수는 특별 과목을 제외하고는 늘 중간에서 맴돌았다. 교회에서 모범학생이었지만 나는 각 고등학교에서 2-3명씩 모인 16명으로 구성된 요즘 말로 '일진'(학원 폭력배)의 멤버였다. 약한 자를 괴롭히는 것이 아니라 정의를 내세운 일진 멤버로 활동을 하였다. 일진 멤버는 대부분 운동을 한 학생으로 싸움을 잘했다. 일진 멤버들이 같이 놀 때는 담배와 막걸리는 필수 메뉴였다. 때로는 교회 금요 학생회에 가서 전도사의 말을 안 듣는 학생을 교회 뒤뜰로 끌고 가서 혼을 내주곤 했다.

대학을 나와 직장 생활을 할 때도 출장 지역에 가서 토요일 저녁에 밤새 유흥가를 돌며 술에 만취가 되었어도 주일만은 꼭 지켰다. 주일날 직장 동료가 일직을 하게 되면 10시쯤에 직장에 가서 함께 시간을 보냈다. 같이 시간을 보내는 방법은 중국집 요리와 고량주를 배달시켜 마시면서 한담하는 일이었다. 그러다가 나는 설교가 시작되는 11시 20분에 맞추어 11시 15분이면 술자리를 떠나 직장 근처 어느 곳이라도 교회에는 나갔다. 주일예배에 참석하고 12시경에 다시 돌아와 합석을 하여 퇴근 시간까지 어울리다가 밖에 나가 다시 2차 3차를 하곤 했다. 이런 일은 매주 반복되었다. 소주, 고량주 술 냄새는 숨길 수 없었지만 교회 예배는 출석을 해야 마음이 편했다.

 주일 성수는 어려서부터 심어진 습관이었다. 목사님 설교가 끝나고 헌금 시간에 준비된 봉투에 잘 준비된 십일조 헌금을 드리고 기도 시간에 일어나 나오는 식이었다.

 마치 밀린 세금을 내고 나면 홀가분해진 느낌과 같은 그런 느낌을 갖는 것이 필요했다. 지금 그때를 되돌아볼 때마다 부끄럽고 후회스러운 일이었다. 당시 교회 장로님들은 매주 그런 모습으로 예배에 참석하는 청년을 보고 한마디도 안 하고 왜? 보고만 있었는가? (아마 하나님의 버림을 받는 마귀의 자식으로 여겼으리라...)

 그즈음에 새 동네로 이사 와서 나간 교회에서 목사님이 유아세례를 인정을 하지 않는다 해서 침수 세례를 다시 받았다. 술을 안 마신 날을 세어보니 일 년에 20여 일이었다. 340여 일 술로 지낸 것이다. 일과 후 술은 반드시 해야 하는 오버타임 시간이었다. 몇 년을 그렇게 생활했다. 마침내 사형 선고가 내려졌다. 급성 간 경변이 왔다.

 물 한 모금 넘길 수가 없었다. 마신 물이 도로 흘러나왔다. 20대 후반이었다. 이럴 수는 없었다. 이제 과감히 이 생활을 마감해야 했다. 이렇게 살다간 제 명에 살 것 같지가 않았다. 결국 미국행을 결정했다.

1. 미국생활

1975년 초에 미국에 들어왔다. 처음에 공장 노동자, 야간 청소부, 택시 운전사, 흑인 촌에서 패들로(노점상) 등으로 고된 생계를 꾸려야 했다.

2년이 지난 1977년 어느 날 방파제가 없던 미시간 호숫가에 자동차 엔진을 켜놓고 인생을 마감해야겠다고 다짐하고 있었다. 이젠 더 이상 미국 생활을 지속할 수가 없었다. 이젠 끝을 내고 싶었다. 눈을 감고 자동차 엑세레이더만 밟으면 모든 것이 끝장나는 것이었다. 한국에 계신 부모님에게 미안한 생각이 스쳤다.

함경도 북청에서 나 하나를 업고 남한으로 내려오신 부모님의 얼굴이 떠올라 눈물이 폭포수처럼 흘러내렸다. 얼마 동안 울고 눈물이 그칠 때쯤에 이상한 일이 눈앞에서 벌어지고 있었다. 6월 말인데 하늘에서 함박눈이 쏟아지는 것이었다. 너무 놀라 눈을 비비고 봐도 역시 함박눈이 펑펑 쏟아지는 것이다. 하도 신기해서 얼마 동안 그 광경을 보다 보니 죽어야겠다는 생각이 어느새 사라져버렸다. 지금 생각해도 기적과 같은 일이었다.

돈 떨어져 빽 떨어져 애인마저 떨어졌다는 유행가 가사가 그 당시 내 형편을 정확하게 대변해주고 있는 내용이었다. 시카고 변두리의 창녀촌 싸구려 단칸방에 들어와 이 생각 저 생각을 하다가 어떤 계획을 세워 행동하기로 했다. 물론 그 계획은 세상이 깜짝 놀랄만한 나쁜 행동이었다. 행동개시를 하려는 날 아침에 방문을 나서는데 맞은 편 단칸방에 사는 정 선생이라는 분이 나를 보자마자, 소리를 쳤다.

"이 형, 그것 하지 마십시오."

"뭐 말이요?"

"나는 모릅니다만 이형, 그것하면 이형은 죽습니다."

죽는다는 말에 나도 모르게

"정형이 그걸 어떻게 아셨소?" 얼떨결에 되물었다.

"내가 이형을 위해 매일 기도해오고 있는데 오늘 아침에 기도하는데 성령께서 이형에게 말하라고 하셨소, 그것 하면 죽는다고 그래서 내가 말하는 것이오."

"뭐, 성령이오? 성령이 누구요?" "아니, 이형, 모태 신앙이라며 성령을 모르시오. 나는 교회 나간 지 5년밖에 되지 않았습니다."

며칠 전에 정 선생이 나보고 교회 나가자고 말한 적이 있었다. 그때 나는 "정형, 교회 나간 지 몇 년이나 되었습니까?" 되물었었다. 그의 대답이 5년 되었다고 하기에 "정형, 공자 앞에서 문자 쓰지 말라는 말 아시지요, 나는 모태신앙이오." "그래요? 그럼 왜? 교회를 안 나가십니까?" 라는 물음에 요즘 피곤해서 좀 쉬는 중이라고 대답을 했었다.

그 일을 하면 죽는다니까 은근히 겁도 났다. 정 선생의 말을 듣고 하려던 일은 취소하고 그와 성령에 대한 이야기를 더했다. 그의 간증도 들었다.

이야기 끝에 나에게 회개하라고 말을 하는 것이었다. "나는 잘못한 것이 없소이다. 나는 한 대를 맞으면 3대를 때려야 직성이 풀리는 성격이지만 나는 누굴 먼저 해한 적이 없습니다. 난 회개할 것이 없습니다." 그래도 그는 회개를 해야 한다고 하기에 "무엇을 어떻게 회개하느냐?" 라고 물었다. 모태 신앙인이 이제 5년 밖에 안 된 신자에게 물은 것이었다.

그의 말을 듣고 그동안 윤리, 도덕적으로 미안했던 것을 써보았다. 한 줄에 하나씩 쓰다 보니 대형 노트 한 페이지의 줄을 다 채울 정도로 씌어졌다. 그리고는 그의 말대로 벽을 보고 하나씩 읽어가며 "주님, 잘못했습니다. 내 죄를 용서해주세요"라고 기도했다. 처음으로 회개 기도를 하는 것이었다. 얼마 시간이 지나자 노트에 쓴 것 말고 다른 것들이 계속 내 입에서 나오기 시작했고 어느 순간부터 눈물이 쏟아져 나오는 것이었다. 계속 울며 잘못했다고 용서를 빌었다.

얼마 동안 그렇게 하고 나니 한때 세간에 널리 알려진 유명한 부흥집회 다닐 때 부르던 찬송들이 터져 나오면서 내가 손을 높이 들고 춤을 추고 있

었다. 마음이 종이장처럼 가벼워지며 어떤 희열이 밀려오는 것을 느낄 수 있었다.

　방 밖으로 나오니 정 선생이 자기 방에서 나오는 것이었다. 내가 문을 여는 소리를 듣고 나온 것이다. "벌써 다녀오셨습니까?" 하고 인사를 하니 "아니요, 나는 이형이 오늘 회개 기도를 한다기에 직장에 나가지 않고 내 방에서 이형을 위해 기도했습니다." 그때 정 선생을 다시 만난 것은 회개 기도를 시작한 지 9시간이 넘게 지난 후였다. 정 선생은 당시 시간당 17불 받는 중장비 수리기사였다.

　그날 밤부터 이상한 일이 내게 일어나기 시작했다. 꿈에 다음날 생길 일을 미리 보여주는 것이었다. 매일 밤 그런 일이 일어났다. 그때부터 매일 정한 시간에 기도하는 생활이 시작되었다. 늦게 일어나 약속시간을 못 지키는 한이 있어도 기도는 꼭 했다. 어느 날 기도 중에 이상한 말이 입에서 폭포수처럼 튀어나왔다. 기도 중에 손길이 슬며시 성경에 가더니 성경을 폈다.

　'네 길을 여호와께 맡기라' 는 구절이 황금으로 도색이 되어 눈앞에 다가왔다.

　그때까지 성경을 한 번도 제대로 읽은 적이 없었다. 성경을 보며 아무래도 내 길은 목회자의 길인 것만 같았다.

　토플 점수를 요구한 정규 신학대학원에 입학을 했다. 고등학교 때 신학대학교에 가서 목회자가 되라는 담임 목사님의 말씀을 일언지하에 거절한 후 만 16년 만에 신학대학교에 들어간 것이다.

　첫 학기엔 공부와 장사를 병행했다. 얼마 지나지 않아 구멍가게들을 접고 공부에 전념했다.

신학교에 다니면서도 새벽 기도는 꼭했다. 학교 기숙사에 살면서 학교 뒤편에 있는 교회로 새벽 기도를 나갔다. 참석하는 사람은 불과 몇 명이었다. 3개월이 한 학기인 학사 과정에서 읽어내야 할 책과 써내야 할 페이퍼는 한국에서 어학을 전공했어도 너무너무 어려웠다. 특히 중간시험이나 말기 시험 때는 돌아버릴 지경이었다. 새벽 기도에 나가 기도를 했다. '주님, 시험 시간에 그동안 읽은 것들이 잘 생각나게 해주십시오, 오늘 과목 시험에 낙제하지 않게 해 주십시오.' 3학점짜리 한 과목에 읽어야 할 책이 너무 많았다. 기도를 마치고 집으로 오는 시간에 별안간 시험을 보는 과목에서 어떤 부분을 더 읽어 보던가 다시 읽어보고 싶은 마음이 생기곤 했다.

시험시간 전에 그 부분을 다시 읽어 보았다. 놀라운 것은 시험지를 받고 나서 방금 전에 다시 읽은 부분과 관련된 문제인 것이었다. 매번 이렇게 도와주셨다. 신학 공부도 주님이 하도록 해주시는 것이었다. 주님의 전적인 도우심으로 일인 6역을 하면서 4년제 신학대학원을 주님의 은혜로 4년 반에 걸쳐 목회학 석사과정을 졸업했다. 어렵기는 군대 특수 훈련소보다 더했다.

신학교를 가기 전부터 하루 일과를 시작하기 전에 매일 2시간씩 기도를 해왔다. 어느 날 아침에 일어나 보니 정한 시간에 기도하고 나가면 크게 물건을 사줄 가게 사장과 약속을 지키지 못할 것 같았다.

늦잠을 자 늦게 일어난 것이었다. 먼저 기도를 할까 아니면 먼저 약속된 사장을 만나러 갈까 망설이다가 기도를 먼저 하기로 결정하고 주님께 기도하였다. '주님, 그 사장이 나보다 늦게 나오게 해 주시면 좋겠습니다. 아니라도 좋습니다. 모든 것 주님께 맡깁니다.' 결국 아침 기도를 마치고 약속한 식당에 나갔다. 당연히 사장은 없었다. 무려 2시간이 늦은 것이었다. 사장이 왔다가 간 것 같았다. 식당에 들어왔으니 아침이나 먹고 나가자 하고 식사를 하고 있는데 약속한 사장이 급하게 뛰어 들어왔다.

"이형, 정말 미안합니다. 이게 몇 시간이오, 너무 미안합니다. 아니 글쎄 집에서 나오려는데 딸아이가 별안간 배가 아프다 하여 의사에게 데리고 갔는데 아무 이상이 없다고 하여 아이를 다시 학교에 데려다주고 오느라 늦었습니다... 미안합니다. 내 아침을 사리다."

그날 아침에 내가 미국에 와서 그동안 세일즈 하면서 판매한 단일 건수로는 가장 큰 주문을 받았다. 당시 그분은 옷 가게를 여러 개를 소유한 사장이었고 나는 옷 수입 회사와 계약을 맺은 세일즈맨이었다.

2. 시카고 변두리에 교회를 개척하다.

21일 금식 기도를 한 후 드디어 교회를 개척했다.

매일 밤 11시부터 새벽 3-4시까지 철야 기도를 했다. 교회 부흥에 목이 말랐다. 2만 명 교인을 달라고 수년을 밤새 부르짖던 어느 날 새벽 2시경이었다. 주님께서 나를 부르시는 것이었다.

"아들아, 2만 명을 주면 뭘 할래?" 주님이 물으셨다.

얼떨결에 "선교를 해야지요." 라고 대답을 했다.

"그 다음엔?" 또 주님이 물으셨다.

대답을 못하고 있었다. 한참 만에 주님이 말씀하셨다. "해외에서 2만 명 교인이면 네 이름은 뜨겠지?!, 여기저기 부흥회 다니느라고 바쁘겠지, 또 만나기가 어렵겠지!" 여전히 아무 대답을 못하고 가만히 있었다. 주님이 아주 부드럽게 말씀하셨다.

"내 아들아, 나는 너를 위해 십자가에서 내 목숨을 주었는데 너는 그것으로 뜰 생각만 하느냐? 네 양이 아니라, 내 양이다. 내가 보내주는 양만 잘 먹여라."라고 말씀하셨다.

아주 낮고 부드러운 음성이었지만 내 가슴을 후벼파는 듯 했다. 너무도 부끄러웠다.

듣고 보니 나는 속물이었다. 나는 속물 목사라고 소리치며 날이 새도록 울고 또 울었다. 그 후부터 지금까지 나는 교회를 부흥시켜달라는 기도는 하지 않는다.

3. 하나님과 대화

7년 반 동안을 철야 기도를 하였다. 밤마다 찾아오는 악령들과 싸움도 많이 했다. 이젠 불빛이 하나도 없는 깜깜한 장소에서 기도하는 것도 내겐 익숙해졌다.

매년 12월 말과 6월 말 두 번씩 하는 15일 금식 기도는 기본으로 정해진 메뉴였다. 그 외에도 며칠씩은 가볍게 하곤 했다. 어떤 해는 67일을 금식하기도 했다.

교회가 한인 지역에서 좀 떨어져 있기에 7년 반 동안 극소수의 방문객이 왔을 뿐이었다. 목회가 너무나 어려웠고 심신이 지칠 대로 지쳤다. 몸도 더 이상은 금식하기가 어려울 정도로 쇠약해져 있었다.

그즈음 아무래도 교회 장소를 옮겨야겠다고 결심했다. 집사님 한 분이 눈물로 만류했지만 낚시꾼이 고기가 많이 모이는 장소로 옮겨 더 많은 고기를 잡으려는 것은 당연한 것이라고 설득하는 목사의 말에 다른 교인들은 모두 찬성을 하였다.

결국 내 주장대로 교회 건물을 팔았다. 낚시하기 좋은 곳이라고 생각된 지역에서 교회를 하기 위해 찾았다. 몇 교회가 매입이 될 듯하다가 틀어지곤 하는 힘든 과정이 연속되었다. 마귀는 밤낮으로 물어뜯었다.

드디어 목회를 접기로 결단했다. 한국에 있는 어느 기도원 산속에 가서 금식 기도를 하다가 인생을 끝내리라 마음을 먹었다. 다시는 안 돌아오겠다고 속으로 결심을 하고 공항에 나온 집사람에게 나에게 무슨일이 일어나면 책상 제일 밑 서랍을 열어보라는 말만 남기고 한국으로 떠났다. 내 서재의 책상 안에 백지 10장에 내 사인을 해놓았다.

공주 어느 기도원 산꼭대기로 올라가 오래 있을 장소를 찾아 앉았다. 여기서 기도하다 인생을 마감해야겠다고 다짐을 하였다. 지난 10여 년 목회를 되돌아보니 한순간도 기쁘고 즐거웠던 기억은 없었다. 이미 몸과 마음은 지칠 대로 지쳐있었다. 나는 기도하다 죽는 것이 인생을 명예롭게 끝내는 것이라고 생각을 했다. 그러나 막상 목회를 포기하고 여기서 인생을 끝낸다 하니 눈물밖에 나오질 않았다. 몇 시간을 하나님과 주변 사람들을 원망하며 울고 울었다.

우는 것조차 지쳐있을 때였다. 주님께서 나를 부르셨다.

"내 사랑하는 아들아", "네."

"내 사랑하는 아들아", "네."

"네가 내 종이냐?" 놀라서 대답을 못하고 있었다.

다시 묻는 것이었다.

"내 사랑하는 아들아, 네가 내 종이냐?" 황당한 느낌이 들어 대답을 못하고 있었다. 잠시 후에 다시 음성이 들렸다.

"너는 내 종이 아니니라." 깜짝 놀라, 반문을 했다.

"내가 주님의 종이 아니라니요? 시카고에 교회도 있고 성도도 있고 85년부터 지금까지 목회를 했는데요. 내가 주님의 종이 아니라니요?"

잠시 후에 주님이 또 물으셨다.

"네가 언제 내 말을 듣고 목회를 하였느냐? 네 생각대로 해왔지!"

......

그 말씀을 듣고 지난 세월의 목회를 생각해보았다.

교회 건물을 팔 때도 내 계획과 내 생각대로 팔아버린 것이 제일 크게 떠올랐다. 모든 것이 나는 주의 종, 목사라는 내 신념에서 나온 것이었다.

예수님을 주님이라고 불러왔지만 실제는 내가 주인이요, 그분은 내 생각대로 나를 도와주어야 할 나의 종이 되고 있었던 것이다.

주님의 말씀을 듣고 돌이켜보니

내 생각이 주님의 생각이려니 하고 내 마음대로 설교하고, 가르치고, 봉사하고, 계획하고.. 모두 내 생각과 신념으로 해온 것이었다. 모든 것이 명색이 목사인 내가 한 것이지 하나님의 말씀에 따라 한 것이 아니었다.

목회를 위한 목사의 생각이 주님의 생각이라 착각을 한 것이었다.

"주님의 말씀이 맞습니다. 내 멋대로 했다고 시인했고 잘못했습니다." 라는 말을 수없이 반복하며 몇 시간을 울면서 보냈다.

"내 종이 아니라."라는 주님의 말씀은 너무나도 충격이었고 두렵기도 했다.

이제부터는 주님이 종이 되겠다고 몇 번이고 다짐하며 주님께 약속을 드리고 산 위에서 기도원 숙소로 내려왔다. 조금 있으니 기도원 원장이신 이 장로께서 나를 찾아오셨다. 나를 보자마자 대뜸 "목사님, 저하고 예배드리십시다." 원장의 숙소로 들어갔다.

목사와 장로 두 사람만이 드리는 예배였다. 먼저 나보고 기도하라고 해서 기도했다.

기도가 끝나자 "목사님! 기도를 만들어서 하지 말고 성령님이 인도하시는 대로 기도해 보세요." 하며 핀잔을 주는 것이었다.

그러더니 지금은 기억이 나지 않지만 빌립보서 어딘가를 읽으며 첫마다가 "목사님, 주님의 종이 되십시오. 주님의 종이요."

그의 말에 나는 머리를 망치로 세게 얻어맞은 것같이 하얗게 되었다.

"아니, 이것이 어찌 된 일인가?!"

"산 꼭대기에서 주님께서 하신 말씀을 기도원 원장이 다시 반복하는 것이 아닌가?"

"산 꼭대기에서 일어난 일을 단 한마디도 누구에게 말하지 않았는데...기도원 원장이 어떻게 알았을까?..."

다시 한 번 이제는 주님의 종이 먼저 되겠다고 다짐하고 8일 금식 기도를 하고 다시는 오지 않겠다고 떠났던 시카고로 돌아왔다. 참된 주님의 종이 되자고 되뇌면서...

매일 목사가 아닌 주님의 종으로 살고, 주일날도 어떻게 하면 주님의 종으로 예배를 인도할지만 고심하고 있었다. 어느 주일날이었다. 10여 년 주일 예배를 인도했지만 처음으로 교인들이 예배 시간에 회개하고 통곡하는 것을 보게 되었다.

주님의 감동하심 따라 기도하니 크고 작은 기적이 예배 때마다 일어났다. 처음 경험하는 목회 현장이었다.

그동안 그렇게 힘들고 두렵고 어려운 목회는 안개처럼 사라지고 똑같은 현장이지만 기쁘고 즐겁고 기다려지는 목회 현장으로 바꾸어진 것이었다.

주일이 기다려지고 금요 기도회가 기다려졌다. 180도 변하여 목회가 너무 즐거웠다.

이제는 모이는 교인의 수는 관심의 대상이 아니었다.

항상 기다려지는 목회 현장으로 변한 것이다.

그때부터는 오직 주님의 종으로 하느냐? 아니면 내가 하느냐? 가 목회의 중심 과제가 되었다.

4. 야외기도

　눈이 온 추운 겨울 영하 화씨 -5도(섭씨-20도)가 되는 어느 날 덕 다운바지와 조끼와 잠바를 둘씩 껴입고 털모자를 깊게 눌러쓴 채 마스크를 하고 의자 하나, 쓰레기 비닐봉지 큰 것 3개, 끓는 물을 담은 패트병 한 개를 주머니에 넣고 옥수수를 베고 난 황량한 들판으로 나갔다. 쓰레기 비닐봉지를 두 개를 껴입고 하나는 뒤집어쓰고 한곳에 구멍을 내어 숨을 쉬게 만든 후 의자에 앉아 기도를 시작했다.

　아침 10쯤 앉아 기도를 시작하여 오후 4시경에 일어났으니 적어도 6시간을 기도한 것이다. 기도가 끝나 들판을 떠나려 하는데 동행한 집사에게 안수기도를 해주라는 감동이 강력하게 밀려왔다. 들판에 동행한 집사에게 안수기도를 해주고 나왔다. 페트병의 물은 오래전 얼음 돌덩어리로 변해있었다.

　동행한 집사님은 미국과 한국의 문화적인 이해 차이로 중죄인 감옥에 10여일 있다가 나왔다. 전과자가 된 것이다. 전과가 있으면 더욱 취직이 어려운 여건이었다. 그 들판 기도가 끝난 후 응시를 한 어느 회사에 기적적으로 취직이 되었다. 더구나 마지막 날 최종 면접관에게 나는 지금 당장 일을 못한다. 한국에 한 달 다녀와야 한다. 그래도 되겠느냐는 질문에 최종 면접관은 혼쾌히 허락하였고 한 달 후 한국 여행을 마치고 보안이 철저한 항공사에 엔지니어로 취직이 되어 다니게 되었다. 당시 주님께서 기도 응답을 해주셨다고 기뻐하던 집사 내외의 모습이 선하다.

　이런 들판 기도가 목사인 내겐 처음이 아니었으나 참석했던 교우들은 하나 같이 모든 기도가 그 당시 응답이 되었다고 말하며 언제 다시 한번 나가자고 그때를 그리워하고 있다.

어느덧 매년 기도원 강사로 나가 집회를 인도하게 되고 중국과 한국에서도 집회를 인도하게 되었다. 이젠 은사주의 목회자로 변신하게 된 것이다.

그 후 지금까지 거의 20년이 지난 지금도 목회는 즐거운 주님의 심부름이다.

은퇴를 앞두고 있는 한 목회자의 일생을 간단하게 쓰게 된 것은 같이 생각해보고 싶은 것이 있기 때문이다.

모태 신앙이라는 말이 주는 허상, 모태 신앙이 낳은 종교인, 기독교 종교인의 일상생활, 형식적인 세례식의 내면, 절차를 따라 세례 받은 신자의 일상생활.

그리고 목회자의 흔한 실수는 어떤 것인가? 진정한 거듭남이란 어떤 것인가? 목회란 주님의 심부름이 아닌가? 목회자가 가장 먼저 힘을 써야 할 일은 무엇인가? 금식기도, 철야기도 등 기도의 끝은 어디인가? 성경공부의 끝은 어딘가? 은혜 받았다는 간증의 끝은 어딘가?

성령세례의 끝은 어디인가? 주님의 종이 되는 것이 그 모든 것의 끝이 아닌가? 목회자로서 종, 장로로서 종, 권사로서 종, 집사로서 종, 사업가로, 배관공으로, 주방장으로, 의사로, 간호사로, 교수로, 변호사로서의 주의 종, 우리 모두는 주님의 종이 되어야 하는 것이다.

무엇이라고 말해도 목회는 마귀의 종을 하나님의 진짜 종으로 변하게 하는 것이 제일 먼저 해야 할 일인 것 같다. 만들어 내시는 분은 하나님이시지만 그것을 준비해야 하는 것은 성도 여러분과 우리 모두의 몫인 것이다. 성부, 성자, 성령 하나님을 참 주인으로 섬기는 사람은 모두 거듭난 크리스천이다.

인내하시며 여기까지 인도해주신 성삼위 하나님께 감사드립니다.
　난필 원고를 세세하게 읽으시고 조언해주신 전영규 목사님, 김희승 교수님, 신부자 권사님 내외 그리고 출판에 도움을 준 미성문화원 관계자 여러분에게 깊은 감사를 드립니다.

항상 기뻐하라 쉬지 말고 기도하라 범사에 감사하라 이것이 그리스도 예수 안에서 너희를 향하신 하나님의 뜻이니라 성령을 소멸하지 말며 예언을 멸시하지 말고 범사에 헤아려 좋은 것을 취하고 악은 어떤 모양이라도 버리라 평강의 하나님이 친히 너희를 온전히 거룩하게 하시고 또 너희의 온 영과 혼과 몸이 우리 주 예수 그리스도께서 강림하실 때에 흠 없게 보전되기를 원하노라
[데살로니가전서 5장16~23]

01

왜? 그들은 변하지 않는가?

1. 왜? 그들은 변하지 않는가?

몇 년 전 마카오 집회에서 한국에서 온 은사 집회를 하는 목회자를 만났다. 그가 내게 고뇌에 찬 얼굴로 묻는 것이었다.

"목사님, 어찌해야 저들이 변합니까? 집회에 참석한 후 얼마동안은 변한 것 같은데 시간이 지나면 저 사람이 집회에서 은혜를 받은 사람인가 의심이 듭니다."

은사집회를 하는 목회자뿐만 아니라 모든 목회자들이 사역현장에서 만나는 고민은 교인들이 왜? 변하지 않는가?에 대한 질문에 시원한 대답을 찾지 못하는 것이다.

신앙생활을 수 십 년을 해왔어도 변하지 않는 이유는 무엇일까? 성품이 변화 되었는지는 반복되는 평범한 일상생활에서는 잘 모른다. 어떤 감당하기 어려운 위기 상황을 만났을 때에 비로써 신자로서 변화가 진단이 되는 것이다. 외형으로 치장한 신자인지 속까지 변한 신자인지 알게 되는 것이다.

2. 왜? 신자라는 교인들이 변화되지 않는가?

교인들의 변화를 목적으로 여러 가지 프로그램을 실행하고 유명한 목회자를 강사로 초빙하여 부흥회도 한다. 부흥회를 통하여 회개도 하고 영적인 은사도 체험하고 말씀도 새롭게 깨달았다. 크게 은혜 받은 부흥회였다고 긍정적인 평을 받았어도 변화된 교인의 모습은 잠시뿐, 얼마 지나면 다시 옛 모습으로 돌아간다.

부흥회에서 크게 은혜를 받았다는 신자 대부분이 그런 현상을 나타낸다. 뿐만 아니라 십 수 년 신앙생활을 했다 해도 옛 사람의 본성은 그대로 남아 있는 것을 쉽게 보게 된다.

 특히 교회가 어떤 문제를 만났을 때 교인들이 나타내는 반응으로 짐작이 된다. 이런 교인의 모습을 볼 때마다 목회자는 자신의 무능을 탓하며 목회에 대한 회의로 괴로워하기도 한다.

 어찌 된 것인가? 도대체 원인이 어디에 있는가? 외국에서 30년 이상 목회를 해온 필자의 관찰로는 5가지 문제가 있는 것 같다.

1. 믿음을 갖는 순서가 바뀌었다.
2. 신자가 성령님을 모른다.
3. 신자가 마귀에 대하여 모른다.
4. 신자가 성화에 무관심하다.
5. 신자가 스스로 자신의 언행을 살펴보는 지침이 부족하다.

 예수 그리스도를 믿는 신앙을 갖는 과정에서 순서가 바뀐 것 같다. 신약시대를 여는 핵심주체인 성령님에 대하여 잘 모른다. 성령의 시대에 아직도 구약에 치중된 교회의 가르침은 변화가 있어야 한다. 세례를 받았다고 성숙된 하나님의 자녀가 된 것은 아니다.

 갓난아기로 태어난 새 피조물인 신자는 거룩함에 이르는 성장을 추구해야 한다.

 신자를 성장하지 못하게 유혹하고 가로막는 원흉이 마귀다. 그런데 신자나 목회자가 마귀의 활동에 대하여 구체적으로 잘 모른다.

 거룩함을 추구하는 선한 싸움에서 승리의 첫 걸음은 신자의 대적인 마귀가 누구인지를 아는 것에서 시작된다.

 신앙생활을 한 햇수가 오래 되었지만 신자가 성경 말씀에 비추어 자신의 언행을 구체적으로 점검해 볼 진단서가 준비되어 있지 않은 것이다.

성경이 신앙생활의 지침서인데 성경을 읽지 않는다. 성경을 읽어도 몇 번 읽었다는 회수에 관심을 둘뿐 묵상하여 깨달은 바를 생활에 철저하게 적용하지 못한다.

오늘날 대부분의 신자들은 예배에 참석하여 설교를 듣고 성경공부 시간에 새로운 성경지식을 쌓는 것으로 만족하는 것 같다.

3. 예수 그리스도를 믿는 신앙을 갖는 순서가 바뀌었다.

몇 사람을 만나 인터뷰를 해 보았다 *"어떻게 신자가 되었습니까?"*

5가지 예화

가) 저는 모태로부터 어머니를 따라 교회에 나갔습니다. 유아세례를 받고 초, 중, 고, 대학까지 교회 주일학교를 참석했습니다. 교회에서 아내를 만나 결혼하고 별일 없이 잘 살고 있습니다. 지금은 장로로 시무하고 있습니다.

나) 저는 대학교 1학년 때 친구를 만나 교회에 처음 나가게 되었습니다. 교회에 나가니까 좋더라고요. 친구도 만나고 목사님의 좋은 설교도 듣고 그렇게 해서 지금까지 신앙생활을 하고 있습니다. 신앙생활에 드라마틱한 일은 없었습니다. 지금은 청년부 회장을 맡고 있습니다.

다) 저는 남편과 이혼을 하고 낙심해 있을 때 신문광고에 어느 유명한 목사님이 오셔서 부흥회를 한다고 하기에 참석했다가 기도만이 살길이라는 말씀을 듣고 무작정 금식 기도를 시작했습니다. 신앙생활하는 동안에 40일 금식 기도를 2번 했습니다. 저는 지금 여전도회 회장을 맡고 있습니다. (후에 들으니 그녀는 교회에서 은사자로 행세를 하다가 정신 병동에서 생을 마감했다고 한다.)

라) 저는 국제결혼을 했다가 남편과 이혼을 하고 술과 마약에 취하여

살다가 인생을 포기하고 죽으려고 했습니다. 죽으려고 작정한 그 날 초저녁에 우연히 교회 앞을 지나가다가 죽기 전에 교회에나 한 번 들어가 보자하고 교회당에 들어왔다가 마침 수요 저녁 예배였는데 거기서 위로의 말씀을 듣고 바로 예수님을 믿게 되었습니다. 지금은 심방 전도사로 일하고 있습니다. (이분은 결국 교회 파탄의 일익을 담당했다고 한다.)

마) 저희 부부는 연애 시절 우연히 교회에 갔다가 축사를 하는 것을 보고 우리도 축사 안수를 받고 축사를 경험했어요. 그때부터 교회에 나가 지금은 집사로 봉사하고 있습니다. (이 부부는 나중에 교회를 뒤엎는 스캔들 사건의 핵심적인 인물이 되었다)

이야기를 들어보면 모든 분들이 자기 나름대로의 동기를 가지고 신앙생활을 시작하게 된 것을 알게 된다. 그러나 누구도 예수님께서 말씀하신 순서대로 신앙생활을 하게 된 것 같지는 않다.

02

믿음을 갖는 순서가 바뀌었다

1. 믿음을 갖는 순서가 바뀌었다

이르시되 때가 찼고 하나님의 나라가 가까이 왔으니 회개하고 복음을 믿으라 하시더라 (막 1:15)

필자가 발견한 것은 신자들이 변하지 않은 근본 원인은 신자가 예수님을 자신의 인생의 참 주인으로 모시지 않고 있기 때문이다. 그렇게 된 원인은 예수님을 그리스도로 믿는 신앙이 시작하는 출발점에서 잘못되었기 때문이다. 세상 사람이 교회에 나와 세례를 받고 신자가 되었다. 다른 말로 하면 죄인인 마귀의 자녀가 예수님을 믿고 세례를 받고 하나님의 자녀가 된 것이다. 얼른 보면 제대로 시작된 과정 같다.

또 어려서부터 부모님 손에 이끌려 교회 유치부에 들어가 학습을 받고 세례를 받아 그 교회의 집사, 권사 또는 장로, 목사로 시무하고 있다. 얼른 보면 복 받은 신앙인인 것 같다. 그런데 생활에서 위기를 만나면 왜 세상 사람과 다름이 없는가? 예를 들면

◦ 성격차이로 못 살겠다. 이혼한다.
◦ 집사가 교인들 상대로 사기를 친다.
◦ 신앙 따라 사업하면 망한다.
◦ 사업은 사업이고 신앙은 신앙이라는 말처럼 행동한다.
◦ 교회에서 목회자의 멱살을 잡고 강단에서 끌어내린다.
◦ 유부남 유부녀인 성가 대원 사이에 연애를 한다.
◦ 아주 큰 교회의 성경공부 수석 지도자가 남편과 이혼을 결심한다.
◦ 당회원이 교회 재정을 횡령한다.
◦ 목회자가 교인들이 자기 마음에 안 든다고 목회를 접는다...

다시 말씀드리지만 이런 모습이 나타나는 근본 원인은 신자의 주인이 바뀌지 않았고 예수님이 가르치신 순서대로 신앙이 출발하지 않았기 때문이다. 마귀의 자녀가 예수님의 자녀로 변하는 신앙을 갖기 위해서는 반드시 예수님의 가르침을 따라야 한다.

2. 예수님이 가르치신 방법은 무엇인가?

마태복음 4장 17절에 예수님의 첫 설교 말씀이 나온다.
"회개하라 천국이 가까이 왔느니라"
마가복음 1장 15절에서 예수님은
"때가 찼고 하나님의 나라가 가까이 왔으니 회개하고 복음을 믿으라"
고 말씀하셨다.

예수님께서 전도사역을 시작하실 때 하신 첫 말씀이 회개하라는 것이었다. 마태, 마가복음의 말씀을 종합하면

천국이 가까이 왔으니 회개하고 복음을 믿어라

예수님의 말씀 중에 처음 나타난 명령은 회개하라는 것이다. 하나님의 나라가 가까이 왔기 때문이다. 하나님 나라에 들어가는 문을 여는 것이 회개인 것이다.

두 번째 명령어는 복음을 믿으라는 것이다. 하나님의 나라가 가까이 왔기 때문이다. 가까이 온 하나님 나라에 들어가기 위해 첫째 해야 할 일은 회개하는 일이고 두 번째 하는 일은 복음을 믿는 일이다.

예수님의 말씀에서 먼저 강조되는 것은 회개하라는 것이다. 회개하는

것이 하나님 나라를 경험하는 것보다, 또 **복음을 믿는 것**보다 먼저 있어야 할 행위인 것이다.

다시 말해 예수 그리스도를 믿는 신앙을 갖기 위해 각 사람에게 회개가 가장 먼저 있어야 할 일인 것이다.

초대 교회사에 대한 문헌을 보면 기독교에 입문하려는 사람이 오면 교회 중진들이 먼저 그 사람에게 안수를 했다고 한다. 마귀를 쫓아내기 위한 것이었다고 한다.

그다음에 예수 그리스도에 관하여 가르친 후 세례를 베풀고 성령 충만을 위하여 다시 안수를 하였다고 한다. 이렇게 하므로 비로소 기독교인으로 받아들여졌다고 한다. 요즘의 많은 신자들의 신앙이 예수님이 말씀하신 순서를 따르는 것 같지 않다.

우리들이 신앙을 갖게 되었을 때 회개를 먼저 하였는가? 회개에 대한 강조보다는 세례를 위한 성경 공부를 얼마 동안 한 후 세례를 베풀고 그러면 하나님의 자녀가 되었다고 한다. 또는 본 교회 세례 교인이 되었다고 선포를 하는 형식이었다. 회개를 통하여 새로운 심령을 갖게 하는 것보다는 전에 모르던 예수에 대한 새로운 지식을 넣어주고 그것을 확인하고 세례를 주는 것이 거의 대부분 교회에서 해온 일이다.

나는 죄인이라고 그리고 예수님을 구주로 받아드린다는 것을 공개적으로 고백했다는 것으로 자격을 얻어 세례를 받고 교회의 일원이 되었다. 소위 기독교인이 된 것이다. 이러한 패턴은 대부분의 교회에서 지난 수십 년 전부터 지금까지 계속되고 있는 것이다.

앞에서 여러 번 언급한 대로 예수님이 강조하신 말씀은 먼저 **회개하라**는 것이다.

3. 무엇을 회개해야 하는가?

믿기 전에 지은 각종의 죄들이다. 맞다.
어떤 죄들인가? 도둑질인가? 속인 것인가? 어떤 죄를 먼저 회개해야 하는가?
인류역사에 죄가 들어온 경위를 잠시 살펴볼 필요가 있다.
죄에 대하여 알려면 이브와 마귀와 대화를 보면 알 수 있다. 하나님께서 아담에게 아내로 맺어준 이브가 에덴동산에서 마귀와 대화를 한다.
 뱀이라는 마귀가 어떤 의도를 가지고 이브에게 접근을 한 것이다. 마귀가 내어 놓은 주제는 하나님이 금지한 선악과에 관한 것이었다. 이브에게 접근을 하기 위한 여러 가지 말이 있었으리라...
"이브야, 하나님이 이 동산 안에 있는 모든 실과를 먹지 말라고 했지?"
"아니, 모든 실과는 임의로 먹되 선악을 알게 하는 나무의 실과는 먹지도 말고 만지지도 말래. 그것을 먹으면 죽을 지도 모른대."
마귀가 대꾸를 합니다.
"죽을 지도 몰라? 아니야, 절대로 죽지 않아. 너희가 그걸 먹으면 눈이 밝아져 하나님과 같이 되거든. 그래서 먹지 말라고한 거야. 하나님이 그것을 싫어하시는 거지. 먹어도 너희는 안 죽어."

 이 말을 듣고 이브가 선악과를 쳐다보니 먹음직하고 보암직하고 탐스럽게 보였다. 그래서 먼저 따서 먹고 남편 아담에게도 주어서 먹게 한다. 하나님이 먹으면 반드시 죽게 된다는 말을 듣고도 마귀의 꼬임에 넘어가 따먹은 것이다. 죄를 지은 것이다. 하나님의 말씀에 거역한 것이다.
 이브는 하나님의 말씀과 마귀의 말을 듣고 난 후 서로 다른 말 사이에서 자기 좋은 대로 선택을 한 것이다. 이브가 선악과를 따먹게 된 내면을 더 살펴보자.

선악과는 먹지 마라 먹으면 반드시 죽게 된다는 것이 하나님의 말씀이었다. 먹어도 죽지 않는다. 먹으면 눈이 밝아져 하나님과 같이 된다는 것이 마귀의 거짓말이었다. 이브가 자기 마음대로 결정하여 마귀의 말을 선택하였다. 하나님은 아담과 이브에게 자기 마음대로 선택할 권리를 주셨다.

아담과 이브는 결국 하나님이 안 된다고 한 말씀을 어기고 선악과를 따먹었다. 선악과는 하나님의 것이었다. 아담과 이브가 도적질을 한 것이다. 하나님의 말씀을 거역하고 자기 마음대로 한 것이었다.

피조물인 사람이 창조자이신 하나님의 말을 거역하고 행동을 했다는 것은 하나님을 무시한데서 나온 행동이었다. 하나님의 권위를 존경한다면 도저히 할 수 없는 일이었다. 다시 말해 선악과를 따 먹은 것은 주인이신 하나님을 무시하고 그분의 권한을 침범한 행위다.

그런 행위를 했다는 것은 아담과 이브에게 주어진 자유 의지 "곧 나는 내가 원하는 대로 무엇이든 할 수 있다"로 판단하였고 결국 해서는 안 될 것을 선택한 것이다. 다시 말하면 사람의 자유 의지와 마귀의 말과 결합되어 하나님을 무시하고 선악과를 따먹었다. 그들이 선악과의 주인이 아닌데도 주인 행세를 한 것이다.

4. 아담과 이브가 한 주인 행세가 준 결과

가. 하나님을 무시하게 되었고,
나. 선악과를 따먹게 되었고,
다. 하나님을 거역하게 되었고,
라. 하나님의 것을 도적질 하게 되었다.

하나님에게 도전을 한 것이다.

천상에서 루시퍼(계명성)가 하나님에게 도전한 것과 그 맥을 같이하고 있다(사14:12-15; 겔28).

아담과 이브가 주인행세를 하여 하나님에게 죄를 짓게 된 것이다.
한마디로 말하면 죄란 마귀에게 속아 넘어간 인간이 내가 주인이라는 의식을 가지고 행한 언행인 것이다. 마귀가 인간에게 주인 의식을 갖도록 충동을 한 것이다. 이로 인하여 영적으로 마귀가 아담의 주인이 된 것이다.
아담이 마귀의 말대로 했기 때문이다.

너희 자신을 종으로 내주어 누구에게 순종하든지 그 순종함을 받는 자의 종이 되는 줄을 너희가 알지 못하느냐 혹은 죄의 종으로 사망에 이르고 혹은 순종의 종으로 의에 이르느니라 (롬 6:16)

그때부터 아담은 자기도 모르는 사이에 마귀를 주인으로 섬기게 된 것이다. 마귀의 유혹과 꼬임으로 인하여 인간이 자기 인생의 주인은 자신이라고 착각을 하고 살아온 것이다. 명심할 것은 하나님이 우주 만물의 주인이시다.

하나님은 아담과 이브를 에덴동산에서 쫓아내심으로 그들이 주인이 아님을 가르쳐주셨다. 그럼에도 아담의 후손은 지금까지도 자신이 주인이라고 착각하고 살고 있는 것이다. 그러므로 죄는 인간이 주인이라는 의식과 거기에서 나온 모든 언행이다.

03

예수그리스도와 성령

1. 예수그리스도와 성령

　신약에서 중심 메시지는 예수 그리스도가 우리의 주와 구주시라는 것이다. 예수 그리스도로 말미암아 마귀의 자녀가 회개하고 거듭나서 새로운 피조물로 하나님의 자녀가 된다.

　거듭났다는 것은 성령으로 새로운 피조물이 되었다는 말이다. 거듭난 사람에게 예수 그리스도는 주가 되시고 구원자가 되신다. 다른 말로 새로운 피조물은 새 주인을 모신 거듭난 신자인 것이다.

그런즉 이스라엘 온 집은 확실히 알지니 너희가 십자가에 못 박은 이 예수를 하나님이 주와 그리스도가 되게 하셨느니라 하니라 (행 2:36)

　예수 그리스도가 승천하신 후 이 땅에서 사는 거듭난 신자의 주인의식(주인이 되는 권리)을 소유하신 분은 성령님이시다.

너희 몸은 너희가 하나님께로부터 받은 바 너희 가운데 계신 성령의 전인 줄을 알지 못하느냐 너희는 너희 자신의 것이 아니라 (고전 6:19)

　삼위일체이신 하나님, 예수님, 성령님께서 신자의 왕이요 주가 되신다. 오늘 날 신자가 생활 속에서 주라고 부르는 분은 성령님이시다. 바울 사도, 베드로 사도 등 모든 사도들과 초대교회 신자들이 주님이라고 부르고 모신 그분은 바로 성령님이셨다. 그분은 하나님이시다(행 5:3,4,9) 신자의 영과 혼과 육체의 활동의 주가 되시는 분이 성령님이시다. 그러므로 신자의 영혼육의 모든 활동을 그분에게 묻고 듣고 행동해야 하는 것이다. 그것이 바로 종의 일상생활인 것이다.

　성령님이 주가 되심은 새로운 신자나 오래된 신자가 깨닫고 가슴에 각인되어 있어야 할 신앙원칙인 것이다.

이 때문에 신자는 주가 되신 성령님과 주와 종의 관계를 확실하게 맺어야 한다. 그러기 위해 매일의 생활 속에서 성령님의 임재와 그분이 주시는 감동과 감화 등, 그분이 어떻게 인도하시는지를 각 신자가 터득하고 있어야 할 것이다. 구체적으로 항상 성령님과 주고받는 커뮤니케이션(소통)을 해야 한다.

교회는 자연히 그분의 지시를 받는 훈련을 신자들에게 시켜야 한다. 그분의 지시를 언제, 어디서, 무엇이든지, 어떤 대가를 치르든지 수행하는 신자가 되게 가르쳐야 한다. 그래야만 신자의 변화의 시작이 보여질 것이다.

결국 교회는 예수를 죄에서 구원하신 구원자로만 믿게 하는 것만으로는 부족하다. 예수는 구원자시요 주가 되신다. 예수님이 승천하신 후 이제 교회는 성령이 주가 되심을 반드시 가르쳐야 한다. 생활 속에서 성령님을 주로 섬기는 신자가 되게 해야 한다.

내가 이르노니 너희는 성령을 따라 행하라 그리하면 육체의 욕심을 이루지 아니하리라 (갈 5:16)

스테반 올훠드 목사의 간증은 우리에게 감동을 준다.
"나는 성령님이 삼위의 하나님인 줄은 알고 있었지만 그분이 주가 되심은 깨닫지 못하고 있었다, 그분이 오늘 나와 신자들의 주가 되신다."

지금도 인간의 모든 죄는 내 인생은 내 마음대로 한다는 데서 나오고 있다.
즉 인간이 자기가 주인이라는 의식을 가지고 언행 하므로 죄를 생산하는 것이다. 그러므로 신자가 반드시 회개하고 바꾸어야 하는 것은 내면에 잠재하고 있는 자기가 주인이라는 의식이다.

세례를 받기 전이든지 받은 후든지 신자에게서 이 의식이 바꾸어져야 한다.

다시 말해 세례를 받아 하나님의 자녀인 신자가 되었다면, 또 성령의 은사를 체험했다면 신자의 의식이 내 생명과 삶의 주인은 오직 하나님 한 분이시다로 철저하게 바뀌어야 한다.

우리가 그동안 예수 그리스도를 주님이라고 부르면서 실생활에서 지금까지 얼마나 자신이 주인 노릇을 해왔던가?

얼마 전 어느 선교지를 방문한 적이 있다.

현지 선교사님들을 만났다. 현지 선교 프로젝트를 가지고 와서 나에게 설명을 했다. 너무나도 큰 계획이었다. 나는 먼저 이런 질문을 하는 것에 대한 양해를 구하고 질문을 했다. "그 프로젝트를 주님이 하라고 하신 것입니까?" 대답을 못하고 얼굴을 붉히셨다. "주님의 일을 하시러 여기 오신 것 아닙니까?"

안타까운 소식이 신문에 나온다. 교회가 건축을 다 마치지 못하고 부도가 나서 급매를 한다. 교인들이 연대 보증을 했기에 교인들의 가정도 파탄 나고 엉망이 되었다 한다.

우리 주님이 그렇게 보증서고 은행 빚, 사채를 빌려 교회 건축을 하라고 시키셨는가? 주님이 그렇게 하라고 시키시고 부도를 나게 하여 교인들이 영혼 육의 피해를 보게 하시는가? 결코 아니다. 사람이 주인이 되어 했기 때문이다. 종이 주인 행세를 한 것이 원인이다.

그래서 다시 강조하지만 가장 먼저 회개할 것은 스스로 주인이라는 의식과 그 의식으로 마음껏 저질러온 언행들이다. 각 사람이 자기가 주인이라는 의식을 내버려야 하는 것이다. 이제까지 자기가 자신의 인생의 주인이라던 것이 바뀌어 하나님이 나의 주인이 되셔야 하는 것이다. 이것이 회개의 첫 열매가 되어야 한다.

다시 말해 회개는 마귀의 꼬임으로 자신이 주인인 양 살던 자세를 버리고 하나님을 주인으로 모시고 따라가는 자세로 바꾸는 삶의 근본적인 변화다. 즉 회개한 후에는 반드시 주인이 바뀌어 있어야 한다.

그리하여 하나님을 왕으로 모시어 절대 순종하는 그분의 백성이 되는 것이며 하나님을 주인으로 모시어 절대 순종하는 그분의 종이 되는 것이다.

그러므로 예수를 믿기로 작정한 사람이 교회에 들어오면 먼저

죄란 무엇인가?
죄와 하나님과 관계는 어떤 것인가?
죄와 마귀의 관계는 어떤 것인가?
죄와 인간의 삶은 어떤 관계가 있는가?
죄를 해결하는 방법은 무엇인가?
등등 죄에 대한 가르침이 먼저 있어야 한다.

2. 그러면 진정 회개한 사람은 어떤 모습일까?

예수님께서 회개와 화해와 관련해서 말씀해주신 비유가 있다. 누가복음 15장 탕자의 비유다. 어느 부잣집의 둘째 아들이 세상에 나가 자기 멋대로 살기 위해 자기 유산의 몫을 가지고 아버지 집을 떠나 세상으로 나갔다. 자기가 하고 싶은 대로 하며 살았다. 모든 재산을 탕진했다. 구걸하는 인생이 되었다.

어느 날 먹기 위해 취직을 했다. 돼지우리에서 돼지를 돌보는 일이었다. 최하급의 인생이 된 것이다. 그런데 전국적으로 흉년이 들어 돼지 먹이도 마음대로 먹을 수가 없는 신세가 되었다. 사람이 돼지 먹이를 먹느냐고 반문하겠지만 지금도 애완동물 통조림을 먹는 사람들이 있다. 탕자는 어느 날 주린 배를 움켜쥐고 돼지우리 옆에 앉아 자신의 인생을 고민하던 끝에 자신의 현 상태와 아버지의 집을 비교했다. 아버지 집에 먹을 것이 많은데 지금 내 꼴은 무엇인가? 자신의 삶의 환경을 보고 아버지 집으로 가야겠다고 생각했다. 그는 과감하게 타향 생활 청산하고 아버지 집으로 돌아왔다. 자기 인생과 삶의 근거지를 아버지 집으로 옮긴 것이다. 아버지의 극진한 영접을 받았다. 아버지는 그에게 반지를 끼워주고 새 옷을 입히고 새 신을 신게 하였다. 집을 나갔던 둘째 아들의 귀향을 축하하여 아버지가 잔치를 열었다.

아버지 집에 돌아온 탕자는 거리의 걸인에서 벗어나 부자인 아버지의 집에 둘째 아들이라는 위치를 새롭게 회복하고 아버지 슬하에서 완전히 새로운 삶을 시작하게 된 것이다. 그동안 멀리 떨어져 있던 아버지와 한 집에서 살게 된 것이다. 이것으로 아들은 아버지와 화목하고 화평하게 된 것이다.

탕자의 회개는 자기 몸을 이끌고 집으로 돌아왔다. 탕자의 영과 혼과 육체의 새로운 결단이었다. 즉 그의 온 인격이 돌아왔다. 떠났던 아버지 품으로 완전하게 돌아왔다.

아버지의 울타리 안에서 사는 삶으로 바뀌었다. 이것이 참 회개의 모습이요, 회개한 자가 받게 되는 축복이다.

3. 회개를 통하여 죄를 해결한 후에 예수님을 믿게 해야 한다.

이방인 로마 백부장 고넬료에게 베드로가 전한 예수님을 믿게 해야 한다.

³⁶만유의 주 되신 예수 그리스도로 말미암아 화평의 복음을 전하사 이스라엘 자손들에게 보내신 말씀 ³⁷곧 요한이 그 세례를 반포한 후에 갈릴리에서 시작하여 온 유대에 두루 전파된 그것을 너희도 알거니와 ³⁸하나님이 나사렛 예수에게 성령과 능력을 기름 붓듯 하셨으매 그가 두루 다니시며 선한 일을 행하시고 마귀에게 눌린 모든 사람을 고치셨으니 이는 하나님이 함께 하셨음이라 ³⁹우리는 유대인의 땅과 예루살렘에서 그가 행하신 모든 일에 증인이라 그를 그들이 나무에 달아 죽였으나 40하나님이 사흘 만에 다시 살리사 나타내시되 ⁴¹모든 백성에게 하신 것이 아니요 오직 미리 택하신 증인 곧 죽은 자 가운데서 부활하신 후 그를 모시고 음식을 먹은 우리에게 하신 것이라 ⁴²우리에게 명하사

백성에게 전도하되 하나님이 살아 있는 자와 죽은 자의 재판장으로 정하신 자가 곧 이 사람인 것을 증언하게 하셨고 ^{43}그에 대하여 모든 선지자도 증언하되 그를 믿는 사람들이 다 그의 이름을 힘입어 죄 사함을 받는다 하였느니라 (사도행전10:36-43)

4. 베드로가 고넬료에게 전한(행10:36-43) 예수님은 누구신가?

1. 만유의 주
2. 화평의 복음을 전하신 분
3. 마귀에게 눌린 자들을 고치신 분
4. 나무에 달려 죽으신 분
5. 사흘 만에 죽은 자 가운데서 살아나신 분
6. 살아있는 자와 죽은 자를 심판 하실 분
7. 그의 이름으로 죄 사함을 얻게 하시는 분

이 말씀을 경청한 고넬료에게 성령님이 임하셨다. 예수님이 하신 위와 같은 일들이 신자에게 지식으로만 남아있으면 안 된다. 베드로가 전한 살아계신 예수님이 믿음으로 그분을 초청하는 신자의 영과 혼과 육체 생활 가운데 항상 역동적으로 활동하고 있어야 한다.

그것이 성령님과 동행하는 크리스천의 내적 모습이다. 그리고 예수님은 또 이런 분인 것을 믿게 가르쳐야 한다.

예수 그리스도의 나심은 이러하니라 그의 어머니 마리아가 요셉과 약혼하고 동거하기 전에 성령으로 잉태된 것이 나타났더니 (마 1:18)

보라 처녀가 잉태하여 아들을 낳을 것이요 그의 이름은 임마누엘이라 하리라 하셨으니 이를 번역한즉 하나님이 우리와 함께 계시다 함이라 (마 1:23)

천사가 대답하여 이르되 성령이 네게 임하시고 지극히 높으신 이의 능력이 너를 덮으시리니 이러므로 나실 바 거룩한 이는 하나님의 아들이라 일컬어지리라 (눅 1:35)

요한이 모든 사람에게 대답하여 이르되 나는 물로 너희에게 세례를 베풀거니와 나보다 능력이 많으신 이가 오시나니 나는 그의 신발끈을 풀기도 감당하지 못하겠노라 그는 성령과 불로 너희에게 세례를 베푸실 것이요 (눅 3:16)

가. 동정녀 마리아에게서 성령으로 잉태하신 분
나. 임마누엘이신 분
다. 하나님의 아들
라. 성령으로 세례를 주시는 분

　교회는 예수님이 누구시며 무엇을 하셨는지를 분명하게 알게 하고 신자가 되려는 사람에게 예수님을 자신의 인생의 참 주인으로 모시도록 해야 한다. 이제까지 전도할 때 사용하던 예수님이 자기의 죄를 용서해 주신 구세주로만 알게 하는 것만으로는 부족하다. 이제 교회는 신자에게 하나님 나라를 가르쳐야 한다. 예수님의 사역의 핵심주제가 하나님의 나라였다. 이제 신자는 하나님 나라에 대하여 알고 있어야 한다.
　하나님의 나라 혹은 천국은 2차원으로 이해되고 있다. 하나는 이 땅에서 신자가 맛보는 천국이고 다른 하나는 이 땅을 떠나서 영생하는 천국이다.
　세상 사람이 즉 마귀의 자녀가 자기 죄를 회개하고 예수 그리스도의 피로 죄를 씻어 용서를 받으면 그에게 주어지는 특별한 선물은 성령님에 의해서 이 땅에서 성령님이 다스리는 천국에 들어가게 되는 것이다.

　이 땅에서 맛보는 천국은 성령님이 신자의 마음 안에서 다스리는 영역이다. 성령님이 신자 안에 들어오셔서 함께 동거하시므로 그의 인생을 주도하게 되는 것이다. 신자의 마음 안에 천국이 이루어지는 것이다. 그때부터 신자는, 다른 말로, 성령님이 운영하시는 영적 가두리 안에서 살게 된다. 이것이 신자가 이 땅에서 누리는 천국 생활이다.

　하늘나라에서 누리는 천국 생활에 비하면 이 땅에서 누리는 천국 생활은 지극히 적은 일부분에 불과한 것이다.

　(가두리는 물고기를 키우기 위해 바다에 쳐놓은 커다란 원통형 쇠철망 그물을 말한다. 비싼 물고기를 잡아 그 안에 가두어 키우다가 충분히 자라면 시장에 내다 파는 것이다. 물고기는 그 안에서 다른 큰 물고기들로부터 공격에서 보호받으며 산다)

보혜사 곧 아버지께서 내 이름으로 보내실 성령 그가 너희에게 모든 것을

가르치고 내가 너희에게 말한 모든 것을 생각나게 하리라 (요 14:26)

평안을 너희에게 끼치노니 곧 나의 평안을 너희에게 주노라 내가 너희에게 주는 것은 세상이 주는 것과 같지 아니하니라 너희는 마음에 근심하지도말고 두려워하지도 말라 (요 14:27)

생각하건대 현재의 고난은 장차 우리에게 나타날 영광과 비교할 수 없도다 (롬 8:18)

죄인이 이 땅에서 만나게 되는 하나님의 나라는 돌아온 탕자가 아버지 집으로 돌아와 살게 되는 것으로 비유가 되는 것이다. 거듭난 신자로 시작되는 크리스천의 삶은 주 안에서 시작되는 것이다. 성령님의 실체를 인정하고 그 분과 동행하는 사람이 크리스천이다.

신자는 자신에게 오셔서 함께 거하시는 성령님에 대하여 더 자세하게 알수록 더 많은 유익을 얻게 되는 것이다.

04

주인이 바뀐 신자는
성령님에 대하여 잘 알아야 한다

1. 주인이 바뀐 신자는 성령님에 대하여 잘 알아야 한다.

이 말씀을 하시고 그들을 향하사 숨을 내쉬며 이르시되 성령을 받으라
(요 20:22)

　예수님께서 신자에게 성령으로 세례를 주시는 분이라고 세례요한은 말씀하셨다. 예수님 자신이 제자들에게 성령을 받으라고 말씀하셨다. 그 역사적 사건이 오순절 마가의 다락방에서 기도하고 있던 120여명의 제자들에게 성령님이 임하신 사건이다.

　그런데 많은 신자들이 성령님에 대하여 모른다. 성경 공부시간에 삼위일체에 대하여 공부하지만 성령님과 신자의 관계에 대하여는 모르고 있는 것 같다.

　예수님의 제자 중에 가장 두드러진 인물 두 분을 뽑으라면 당연히 베드로와 바울이다. 예수님의 사랑하는 제자 베드로는 목숨을 걸고 예수님을 따르겠다고 장담하다가 예수님이 잡혀가시자 그를 모른다고 세 번 부인을 한 경력이 있다.

　그러나 예수님 승천 후 오순절 마가의 다락방에서 성령을 받은 후 예수님에 대한 그의 태도는 돌변하여 적극적으로 예수를 그리스도라 전하는 사도가 되었고 그의 인생은 순교로 마쳤다.

　생전에 예수님을 만나 본 적이 없었던 바울은 예수와 그를 믿는 자들을 죽이기까지 핍박을 했던 바리새인으로 철저한 유대교인이었다. 그러나 그가 예수 믿는 자들을 잡으러 가던 다메섹 언덕에서 부활하신 예수님을 만난 후에 예수를 그리스도라 전파하는 전도자로 돌변하여 그의 옛 동료들의 살해 위협까지 받았다. 그러나 그는 성령님에 사로잡히어 모진 환난과 역경과 핍박을 이겨가며 이방인의 선교를 위하여 일생을 보내다가 순

교하였다.

　베드로도 바울도 그리스도의 참 제자로 바꾸어준 분은 성령님이셨다. 초대교회는 마가의 다락방에 임재하신 성령님을 만난 제자들이 주축이 되어 세워진 교회였다. 초대교회 신자들은 성령으로 세례를 받고 예수를 그리스도라 확신하고 그를 따르는 신앙을 갖게 된 사람들이었다. 당시 모든 교회와 신자가 존재하는 힘의 근원은 성령님이셨다.

　오늘날 신자가 주님이라고 부르는 분은 성령님이다. 그 주님이 죄인을 신자가 되게 하셨다. 그리고 신자 안에 와 계신다. 이제 신자가 된 사람은 평생 동안 자기와 동행하시는 성령님에 대하여 알아야 한다. 신자는 성령님을 자세하게 알고 그분과 동행하는 법을 배워야 한다.

2. 성령님은 누구신가?

　삼위일체 한 분이시다. 하나님은 창조자로서 인간을 구원하시기로 계획하셨고 예수님은 그 구원의 계획을 실행하셨고 그리고 성령님은 구원받은 자를 보존하시는 분으로 나누지만 한 분이시다.

º 성령님은 하나님이시다.
º 성령님은 거룩하시다.
º 성령님은 인격체이시다.
º 인격체로서 신자와 교제를 하신다.
º 성령님은 듣고, 알고, 보고, 느끼시고, 말씀하시고 행동하신다.
º 성령님은 기뻐하시고 슬퍼하시고 섭섭해 하신다.
º 성령님은 사람이 감지할 수 있는 영적 실체이다.

3. 성령님이 하시는 일

º 성령님은 태초부터 창조사역에 동역하신 분이다.
º 성령님은 생명의 능력을 주시는 분이다.
º 성령님은 신자를 거룩하게 하신다.
º 성령님이 안 계시면 신자로서 거룩한 생활을 할 수가 없다.
º 성령님으로 마귀의 자녀가 하나님의 자녀가 되었다.
º 성령님으로 죄인이 새로운 피조물이 되었다.
º 성령님으로 신자는 하나님이 거하시는 성전이 되었다.
º 성령님은 신자에게 오셔서 성화(거룩함)로 인도하신다.
º 성령님은 신자에게 오셔서 신자가 죄를 용서받고 하나님의 자녀가 되어 예수 그리스도를 닮아가고 있다고 증언하신다.

4. 성령님은 예수님을 구원자로 믿고 주인으로 모시는 신자 안에 들어오신다.

◦ 신자가 모르게 신자 안에 들어오시는 분이 아니다.
◦ 신자의 영혼육에 당신의 임재를 알리신다.
◦ 성령님은 신자와 함께 동행하신다.
  (동행하시면서 신자를 위로하시고 신자를 위해 간구하시고 신자를 도우신다.)
◦ 성령님이 거룩하시기 때문에 신자는 거룩해야 한다.
◦ 성령님은 신자에게 삶의 활력(생명력)을 주신다.
◦ 성령님은 말씀을 깨닫게 하신다.
◦ 성령님은 신자에게 위험을 알리신다.
◦ 성령님은 신자에게 예수님을 증거 하신다.

성령님의 실체를 인정하고 그 분과 동행하는 사람이 크리스챤이다. 성령님과 항상 교제를 해야 하는 사람이 신자요, 하나님의 자녀이다. 종교인에게는 성령님이 계시지 않는다.

  앞에서 소개한 것처럼 주인이 바뀌는 회개를 하고 예수를 믿으면 성령님이 그 사람에 들어오신다.

  성령님이 신자에게 임재하실 때 밤도둑처럼 신자가 모르게 가만히 들어오시지 않는다. 성령님의 임재를 받는 신자는 반드시 그분의 터칭(접촉)을 감지하게 된다.

  때로는 주변 사람들도 그가 성령님의 임재를 받은 것을 알게 된다. 성도가 성령님에게 주의를 기울이면 그분의 터칭(접촉,touching)을 더욱 민감하게 감지하게 된다.

05

주인이 바뀐 신자는 마귀에 대하여 알아야 한다

1. 주인이 바뀐 신자는 마귀에 대하여 알아야 한다

근신하라 깨어라 너희 대적 마귀가 우는 사자 같이 두루 다니며 삼킬자를 찾나니 (벧전 5:8)

예수님께서 오신 것은 마귀의 일을 멸하려 하심 (요일 3:8) 이라고 말씀하신다.

신자들이 항상 암송하고 숙지하고 있어야 할 말씀이 이것이다. 마귀가 우는 사자처럼 집어삼킬 자를 찾고 있다. 그 대상은 신자이다. 신자는 과거에 마귀의 자녀였다가 지금 하나님의 자녀로 영적 신분을 바꾼 사람이다. 그러므로 마귀는 다시 그를 잡아채려고 노리고 있는 것이다. 그래서 신자는 반드시 성령님을 알고 또 마귀에 대하여 알고 있어야 한다. 마귀가 신자의 원수요 대적이기 때문이다.

마귀는 사탄, 귀신, 어두움의 영, 더러운 영, 악한 영이라 부른다. 이들은 살아있는 악한 영적 실체들이다. 사람과 교제하기도 한다.

이들의 목적은 예수 그리스도를 믿지 못하게 하고 믿고 있는 신자라도 타락하게 만드는 것이다.

이들의 궤계는 너무 다양해서 쉽게 파악이 안 된다. 지피지기면 백전백승이라는 한국 사람들에게 익숙한 사자성어가 있다. 자기를 알고 상대를 알고 싸우면 백 번 싸워도 이긴다는 뜻이다. 선한 싸움에서 마귀에게 이기려면 신자는 마귀에 대하여 반드시 공부를 해야 한다.

마귀는 영적실체로 보이지 않는다. 특징은 사람이나 다른 것을 앞에 세워 자기가 하고 싶은 일을 하는 것이다. 그가 사용하는 대상이나 수법은 다양하다. 마귀는 사람의 죄를 먹고 살며 성장한다. 죄는 마귀를 불러드리고 떨어지지 않게 붙들어 매는 강력한 접착제이다.

2. 마귀가 하는 일

º 마귀는 죄를 짓도록 유혹한다.
º 충동하고 자극한다.
º 거짓 정보를 준다.
º 모함한다. 이간한다.
º 죄와 타협하게 유도한다.
º 속인다. 거짓말을 한다.
º 하나님 말씀을 왜곡해서 신자에게 넣어준다.
이렇게 해서 죄를 짓게 한다.

 마귀는 사람의 언행에 영향을 주고, 인격이나 신체의 일부분을 점령하고 때로는 노예로 휘어잡기도 한다.

마귀는 신자에게 불안, 초조, 근심, 걱정, 두려움, 절망, 낙심, 분노, 미움, 시기, 질투, 도둑질할 마음, 우울함을 넣어준다. 또 마귀는 신자가 된 후에도 마귀의 자녀로 살 때 내면에 저장된 옛 성품을 부추긴다.
마귀는 신자에게 성경 말씀에 대하여 의심과 오해를 넣어주려 한다.
마귀는 영적인 것을 배격하고 이성적인 것만 앞세우도록 유도한다.
또 마귀는 신자에게 '그만 하면 됐다'는 적당주의로 유도하여 지속해야 할 영성훈련을 멈추게 하거나 또 훼방한다. (행5:1-11)

3. 신자가 마귀와의 싸움에서 사용해야 할 무기들

º 나는 구원받은 하나님의 자녀라는 확신을 가져라
º 예수 그리스도만이 나의 구주라는 확신을 가져라
º 내 안에 성령님이 계시다는 확신을 가져라
º 하나님 말씀에 대한 100% 확신을 가지고 있어야 한다.

마귀가 신자를 유혹, 충동, 자극을 하여 타락으로 끌고 가려할 때 마귀는 강력한 힘을 가진 영적 인격체이기 때문에 신자가 홀로 결코 이길 수가 없다. 사탄, 원수 마귀를 이기신 예수님을 앞세워야 한다. 마귀가 두려워하는 무기는 예수 그리스도 이름으로 명령하는 것. 예수 그리스도 보혈을 부르는 것, 그리고 말씀에 근거하여 물러가라고 명령하는 것, 그리고 성령님에게 상황을 보고하고 도움을 요청하는 것이다.

4. 사람 안에서 마귀의 활동

마귀는 사람의 몸 안에 들어온다. 마귀는 사람의 마음에 쌓인 영적쓰레기를 먹으며 성장하고 거기에 은거한다.

5. 영적 쓰레기들

악한 생각, 살인, 간음, 음란, 도둑질, 거짓 증언, 미움, 시기, 질투, 비방, 정욕, 태만, 탐욕, 불안, 불만, 불신, 분노, 더러움, 의심, 교만, 오만, 거만 각종의 악한 마음들이다.

육체의 일은 분명하니 곧 음행과 더러운 것과 호색과 우상 숭배와 주술과 원수 맺는 것과 분쟁과 시기와 분냄과 당 짓는 것과 분열함과 이단과 투기와 술 취함과 방탕함과 또 그와 같은 것들이라 전에 너희에게 경계한 것 같이 경계하노니 이런 일을 하는 자들은 하나님의 나라를 유업으로 받지 못할 것이요 (갈 5:19-21)

마귀는 몸 안에 들어와 특정부위나 때로는 전체를 지배하여 병을 들게 한다. 마귀도 기적을 행한다; 치유, 방언, 기적, 예언, 맛 변형, 공중 부양, 차력, 운수 맞추기..등등 나타나는 기적에 현혹되지 말아야 한다.
예수님께서 열매를 보고 정체를 알 수 있다고 말씀하신 것을 기억하자.

이러므로 그들의 열매로 그들을 알리라 (마 7:20)

6. 마귀가 못하는 것은

° 진심으로 회개를 시키는 일,
° 진심으로 사랑하는 일,
° 죽은 자를 부활시키는 일이다.
° 회개, 사랑, 부활은 마귀에게 없는 단어들이다.

이 시간에도 마귀는 우는 사자처럼 집어 삼킬 자를 찾아 헤매고 있다. 신자는 마귀의 침투에 항상 대비하여 깨어있어야 한다. 마귀가 사람을 앞세우고 자기는 뒤로 숨어 일을 조종한다는 것을 꼭 기억하자. 초 신자들이나 종교인들이 여기에 이용당하는 경우가 아주 많다.

요약하면

° 마귀는 신자의 영적 성장을 방해한다.
° 깊은 기도를 못하게 한다.
° 육체를 괴롭히기도 한다.
° 깊은 회개를 못하게 한다.
° 집중된 마음으로 부르는 찬양을 못하게 한다.
° 마귀는 나사렛 예수 그리스도 이름으로 통제할 수 있다.
° 마귀는 예수 그리스도 보혈을 제일 싫어한다.
° 신자는 마귀를 쫓아야 한다(축사).
° 예수님을 의지해서 신자는 축사할 수 있다.

　사람에게 영향을 주는 에너지(기)에는 두 종류가 있다.
　긍정적인 에너지와 부정적인 에너지다.
　긍정적인 것은 주님의 이름으로 오랫동안 기도해온 신자나 항상 성령님과 동행하는 신자에게 많이 있다. 혹은 성령 충만한 신자에게 있다. 반대로 부정적인 것은 마귀에게 잡혀 있거나 마귀의 영향을 많이 받고 있는 사람에게 많이 있다. 다시 말하면, 성령님의 영향을 더 받으며 사느냐 아니면 마귀의 영향을 더 받으며 사느냐 로 나뉘는 것이다. 확실히 알아야 할 것은 100% 성령님의 영향을 받는 사람도 없으며 100% 마귀의 영향을 받고 사는 사람도 없다는 것이다. 다른 말로, 모든 사람

안에는 빛과 어두움이 섞여 있다. 그러므로 신자는 마귀와 항상 교제하는 사람들인 무당, 점치는 자들과 교제해서는 안 된다.

그들은 마귀에게 잡혀있는 사람들이다. 그들에게서 부정적인 에너지가 많이 나온다. 그들과 긴 시간 교제와 접촉은 신자에게 부정적인 영향을 미친다.

일반적으로 마귀는 사람을 유혹하고 영향을 주며 지배하고 통제하려 한다. 처음에 달콤한 것을 주는 듯하다가 결국은 사람을 타락의 길로 인도하고 인생을 파멸로 종말을 맞게 한다.

06

주인이 바뀐 신자는 성화훈련에 집중해야 한다

1. 신자는 성화훈련에 집중해야 한다.

 너희도 성령 안에서 하나님이 거하실 처소가 되기 위하여 그리스도 예수 안에서 함께 지어져 가느니라 (엡 2:22)

신자의 신앙이 성장하지 않는 것은 잘 짜여진 성화 훈련이 없기 때문이다.

초대교인들은 모두 성령님과 역동적인 관계를 맺고 신앙생활을 하였다. 마가의 다락방에서 성령님을 만난 신자들이 세상 사람들과 다르다는 것을 보여준 첫 사건이 있다. 그들이 재물의 집착에서 벗어난 사건이다. (행4:32-37)

이것은 성령님을 만난 후 맘몬(돈) 신에게서 해방된 것을 보여주는 실례이다.

신자가 성화되는 생활의 첫 본보기인 것이다.

성령세례를 받으면 신앙의 완성이라고 오해를 하는데 그렇지 않다. 성령세례로 신자는 참 크리스천으로서의 신앙생활을 시작하는 것이다. 그러므로 신자는 하나님의 말씀과 인격체이신 성령님과 동행하는 생활에 익숙해져야 한다. 신자가 되기 전에는 모든 사람이 마귀와 동행하는 생활에 젖어있었다. 모든 신자에게 성화 훈련이 필요한 이유다.

실생활에서 성화 훈련이 없으면 신자가 내적으로 성장하지 못한다. 성경적 지식과 철학을 쌓고 있는 종교인으로 머물게 된다.

성화는 아직 남아 있는 옛 성품을 빼내어버리는 훈련이다. 회개하고 예수 그리스도를 주와 구주로 믿어 신자가 되었다고 내면에 쌓인 옛 성품들이 모두 사라진 것은 아니다. 남아 있는 옛 성품을 찾아내어 그리스도의 성품으로 바꾸어 나가는 것이 성화 훈련인 것이다. 성화 훈련은 성령님과 동행하면서 영적으로 성장해 가는 훈련이다.

다른 말로 성령 충만으로 예수님의 성품을 닮아 가는 훈련이다. 성령 충만이란 성령님의 능력으로 채워지는 '은사로 충만', '지혜로 충만,' 등 등과 그 외에 성령님이 생산하시는 성품; 사랑, 희락, 화평, 오래 참음, 자비, 양선, 충성, 온유, 절제가 신자의 성품에 채워져 거룩함에 이르는 충만을 말한다. 신자는 성화훈련을 통하여 거룩함으로 충만해지게 되는 것이다.

2. 성화훈련은 100% 순종을 목적으로 한다.

성령님이 계시기 때문에 신자가 거룩하며 거룩함이 더 충만한 곳에 더욱 성령 충만이 있다는 것을 기억해야 한다. 한마디로 신자의 거룩함(성화)은 말씀에 순종하고 성령님에게 순종하므로 이루어진다.

하나님께서 명령하신 말씀은 두 부분으로 나눈다. '하라' 와 '하지마라' 이다.

신자는 '하라'는 말씀과 '하지 말라'는 말씀에 순종해야 한다. 순종하므로 안에 쌓인 영적 쓰레기를 내버리게 된다. 또 순종하므로 거룩함에 이르는 영적 양식을 먹게 되는 것이다. 때문에 신자는 성령님의 지시를 따르므로 하나님의 말씀에 순종하게 된다. 성화 훈련은 100% 순종을 목적으로 전진해나가는 훈련이다.

이스라엘 민족이 애굽에서 나와 시내산 밑에서 율법을 받았다. 율법을 지키므로 거룩하게 살라는 하나님의 명령이었다.

나는 너희의 하나님이 되려고 너희를 애굽 땅에서 인도하여 낸 여호와라 내가 거룩하니 너희도 거룩할지어다 (레 11:45)

그러나 그들은 하나님이 요구하시는 거룩함에 도달할 수가 없었다. 성령님의 도움이 없었기 때문이다. 예수님은 유대 종교인들을 향하여 회칠한 무덤과 같다고 말씀하셨다. 신약시대 신자는 성령님과 동행하므로 말씀대로 살 수가 있는 것이다. 신자에게 성령의 도움이 없으면 거룩함에 이를 수가 없는 것이다.

또 신자는 성화의 생활로 천국에 들어갈 준비가 되는 것이다.
이같이 하면 우리 주 곧 구주 예수 그리스도의 영원한 나라에 들어감을 넉넉히 너희에게 주시리라 (벧후 1:11)

'이같이 하면'이란 너희 믿음에 덕을, 덕에 지식을, 지식에 절제를, 절제에 인내를, 인내에 경건을, 경건에 형제 우애를, 형제 우애에 사랑을 더하는 것을 말한다. (벧후1:5-7)

또 신자는 성화의 생활로 하나님께서 구원해주신 은혜에 보답하는 것이다.
2나는 너를 애굽 땅, 종 되었던 집에서 인도하여 낸 네 하나님 여호와니라 3너는 나 외에는 다른 신들을 네게 두지 말라 17네 이웃의 집을 탐내지 말라 네 이웃의 아내나 그의 남종이나 그의 여종이나 그의 소나 그의 나귀나 무릇 네 이웃의 소유를 탐내지 말라 (출 20:2-3, 17)

교회의 사명은 마귀의 자녀인 사람을 회개시키어 하나님을 자기 인생의 주인이라고 마음에 각인시켜 하나님의 자녀가 되게 하고 예수 그리스도를 주와 구주로 신뢰하게 하고 성령님을 만나게 해주고 그분과 동행하게 가르치고 마귀의 궤계에 깨어있게 하고 성령님의 도움을 받아 옛 성품을 벗어내는 성화 훈련을 하게 해야 한다. 그렇게 하므로 신자가 매일 하나님 나라를 경험하고 그 안에서 마귀의 유혹과 공격을 이기며 평안에 이르도록 교회가 가르쳐야 한다.

07

한국교회 문제

1. 한국교회 문제

　기독교 TV를 열면 은혜로운 찬송을 감상할 수 있어 좋다. 또 목회자들의 귀한 말씀을 들을 수 있어 방송이 더욱 더 귀하다. 그런데 이해하기 어려운 일을 보게 되었다. 목회자들의 설교의 주제가 75% 이상 구약이 본문이라는 것이다. 구약의 역사, 구약의 지리, 구약의 율법, 구약의 환경 등등 다채로우나 구약을 강해하다가 거기에 신약의 말씀을 끼어 넣는 패턴이 대부분이었다.

　지금은 예수님 승천 후 성령님의 시대가 아닌가? 지금은 성령님께서 신자 안에 오셔서 주님으로 활동하시는 시대가 아닌가? 성령 하나님이 주무시시지도 않고 졸지도 않고 신자의 영혼육의 활동을 보고 듣고 느끼며 인도하시고 지시하시는 시대가 아닌가?

　한국 교회가 바뀌어야 할 과제 중에 하나가 지금은 성령님이 인격체로서 주님으로 활동하시는 신약시대인데 구약적 사고에서 벗어나지 못하고 있는 것이 아닌가 생각된다.

　구약을 경전으로 삼는 유대교 신자였던 베드로는 마가의 다락방에서 성령님의 임재를 받고 나서 그리고 역시 유대교 신자였던 바리새인 바울은 다메섹 도상에서 부활하신 예수님을 만난 후 신약 교회 신자로 바뀌었다. 그들은 예수는 그리스도라는 신약의 중심 메시지로 일생을 마치었다.

　바울이 이르되 요한이 회개의 세례를 베풀며 백성에게 말하되 내 뒤에 오시는 이를 믿으라 하였으니 이는 곧 예수라 하거늘 그들이 듣고 주 예수의 이름으로 세례를 받으니 (행 19:4-5)

신약 성경의 핵심은 예수 그리스도를 통하여 성령님께서 주도하시는 새로운 시대가 시작되었다는 것이다. 신약시대의 모든 신자는 성령님으로 인하여 그리스도 안에 들어와 하나님의 성전이 되는 것이다. 구약 본문에 치우쳐 있는 일부 목회자들이 생각해 볼 점이다.

몇 해 전 한국교계에서 이단 열풍이 불어 교계를 혼란스럽게 만들고 신자들을 당황하게 만든 사건이 있었다. 이단으로 규정된 목회자와 그의 설교와 신학 그리고 국제 신학 협회에서 규정한 이단의 기준 그리고 그 목회자를 이단으로 규정한 다른 목회자들의 배경을 살펴본 적이 있다.

이단으로 지목된 목회자의 설교와 신학이 국제 신학 협회에서 규정한 이단 기준에 벗어난 것이 없었다. 그 목회자를 이단으로 규정한 사람들은 대개가 개 교회를 섬기는 목회자가 아니고 기관 목사였고, 조직신학자였고, 누구나 인정하는 폭 넓게 신학을 공부한 사람은 아주 극소수에 불과했다. 이단으로 규정한 내용을 보면 큰 나무에 달린 썩은 가지에 불과한 내용이었다. 인간으로서 누가 100% 온전하단 말인가? 존경받는 신학자 칼빈이 온전했는가? 요한 웨슬레, 마틴 루터가 온전했는가? 또 영성신학을 조직신학이라는 안경을 쓰고 보는 듯해 보였다.

필자는 이단으로 규정된 한 목회자를 찾아가 만나보았다.

"목사님이 이단으로 규정된 원인이 무엇입니까?"

"많은 교인들이 수평이동을 하여 저희 교회 교인수가 급작스레 증가한 것이 주 요인입니다." 그 목사의 대답이었다.

또 이단이라고 지목된 한 교회를 가보았다. 수석 장로를 만나보았다.

"저희가 본 교회와 담임 목사님에게 관심을 두는 목회자들에게 초청장을 보내어 대화의 기회를 열어놓고 점심상을 준비하고 기다렸습니다. 그런데 당일 한 사람도 오지 않았습니다. 그 다음날 교계 신문에 아무개 목사와 교회는 이단으로 규정되었다는 기사가 나왔습니다."

2.성령님과 동행하지 않는 한국교회

이단 교회? 마귀가 세우고, 그가 주인인 교회라는 말인가? 어떤 사람이 교회를 규정하고 심판할 수 있나? 이런 일들이 비일비재한 것이 한국 교계의 현주소다. 성령님이 동행하시는 신자가 할 수 있는 짓일까? 성령님을 모르고 마귀를 모르는 무지에서 나온 악한 실수인 것이다.

동남아에서 15년째 선교하시는 목사님이 찾아 왔다. 보수 장로 교단에 속한 목회자였다. "성령님의 역사가 없으면 마귀가 지배하고 있는 지역에서 선교할 수가 없습니다. 선교지에서 성령님의 역사를 때때로 체험했습니다. 어떤 신학이 잘못된 것이라는 것도 실제로 경험했습니다. 성령님에 대하여 체계적으로 알고 싶습니다. 도와주십시오. 저는 선교지로 떠날 때 나를 도와줄 목사님을 만나게 해달라고 기도하고 왔습니다. 바로 그 목사님을 만나게 해주신 주님께 감사드립니다." 필자는 그 선교사에게 하와이에 있는 영성집중 훈련 센터를 소개해 드렸다.

내가 본 한국교회 일부분은 성령님시대에 역행을 하고 있는 것 같다. 신학에 매어 성경을 하나님의 정확 무오한 말씀이라고 외우고 있으나 있는 그대로 믿지 않고 있다. 이제 깨어날 때가 온 것 같다.

목회자를 비롯하여 많은 신자들이 마귀를 무서워하거나 존재를 무시하고 있다. 지금도 기억하고 있는 사건이 있다. 기도원 집회를 끝내고 목회자들과 점심을 하는데 집회에 참석했던 목사 한 분이 조용히 필자에게 묻는다.

"목사님, 마귀가 정말 있긴 있습니까?"

심각한 얼굴을 하고 진지하게 묻는 것이다. 나는 내심 크게 놀랐다. 그 목사님은 교인이 1500 명이 모이는 큰 교회의 담임 목사라는데 다시 한 번 놀랐다.

신약 성경에만 귀신 117번, 마귀 35번, 사탄 17번, 더러운 영 2번 나온다. 선한 싸움은 마귀와의 전쟁이다. 마귀는 어느 정도 깊은 기도를 하기 전에는 영적으로 방해를 하지 않는다.

교회에서 성령님과 마귀의 활동에 대하여 필수적으로 가르쳐야 함에도 고의적으로 아니면 목회자의 무지로 아니면 목회 정책적으로 마귀에 대하여 가르치지 않는 것 같다. 마귀에게 농간을 당하고 있는 것이다.

거듭난 신자라도 마귀가 자기를 어떻게 조종하는지를 모르고 신앙생활을 하고 있다. 신자의 대적인 마귀에 대하여 알아야 한다. 자신도 모르게 마귀에게 잡혀있는 신학자와 목회자를 이용한 마귀의 선수 치기에 겁을 먹고 성경에서 가르치는 마귀에 대하여 고의적으로 외면해 온 것 같다.

이단이란 말의 뜻도 모른 채 마구 사용하여 주님께서 당신의 피 값으로 사신 백성들을 성장하지 못하도록 가두어 영적 난쟁이들을 만들고 있다.

또 성경을 제대로 배우지 않기 때문에 일부에서는 물질의 축복이 신앙이 성장한 증거로 곧 하나님 나라에 가까이 와있는 것으로 오해하도록 만들기도 하였다.

특정 신학에 비중을 두지 말고 성경에 있는 대로 연구하고 믿고 성령님에 대하여도 더 많이, 더 깊이 가르쳐야 한다. 교회는 반드시 마귀에 대하여도 더 깊이 파헤쳐 알려야 한다. 신자가 마귀를 깊고 넓게 알도록 도와주어야 한다.

08

훈련을 위한 교재

1. 제자가 아닌 종이 되는 훈련을 위한 보충 교재

교회나 신자 개인이 신앙성장을 살펴볼 수 있는 간단한 교재를 질문 응답형식으로 만들어 보았다. 조금이라도 도움이 되었으면 한다.

신자가 된지 수 십 년이 되었다. 그리스도를 더 닮아가기 위해 목사, 장로, 권사, 집사 직분을 내려놓고 자신의 신앙형성과 현재 신앙 상태를 솔직하게 바라보자 그리고 성경에 비추어 냉정하게 감사를 해보자 무엇이 문제였는가? 그 결과는 무엇이 되었는가?

이 문제의 답을 얻기 위해서 미약한 자료를 제시해본다. (목회자와 가르치는 분은 더 많은 정보와 지식을 더하셔서 신자들을 가르치시기 바랍니다.)

2. 신앙생활 되돌아보기 체크 포인트

가.
1. 회개하고 믿었는가?
2. 무슨 죄를 회개했는가?
3. 나의 인생의 주인과 왕이 바뀌어 있는가?
4. 성령님과 교제하고 있는가?
5. 성령님의 임재하심을 감지하고 있는가?
6. 성령님의 인도를 받고 있는가? (감동, 지시)

나. 신자가 되기 이전의 옛 성품을 써보자

다. 주님을 만난 경험을 써보자

라. 지금 자신의 개인적인 성품을 정직하게 써보자

3. 성장을 돕는 실제 훈련들

가. 기도훈련(약점, 강점)
기도하는 목적은 하나님을 만나고 그 분 안에서 즐기는 것이다.
개인 발성기도, 묵상 기도, 반복 기도(Mantra)

나. 찬양훈련
집중된 마음으로 찬양하기

다. 십계명 이해와 외우기
출20:2절 이해하기

라. 성령의 열매 담기 훈련(갈5:22이하)
하나씩 체크해가며 기도한다.

마. 영적 쓰레기 버리기 훈련(갈5:19절 이하)
하나씩 체크해가며 기도한다.

바. 자신의 마음의 적을 알기
자신의 성품에서 장점을 찾아 써본다.
자신의 성품에서 약점을 찾아 써보기 (예수 그리스도를 닮기 위한 분석이다. 때로는 마귀가 이 점을 이용하기도 한다)

사. 현시점에서 타인이 보는 자신의 일반적 성품을 써본다.
(예: 급하다/솔직하다/게으르다/사납다/거짓말을 하는 편이다/말이 빠르다/감동을 잘 받는다/조용한 것을 좋아한다/정서적이다/인정이 많다/정

에 약하다/놀기를 좋아한다/결심이 오래가지 못한다/고집이 쎄다/엎치락 뒤치락 하는 편이다...)

아. 마음의 상처 찾아내기(자라 보고 놀란 가슴 솥뚜껑 보고 놀란다)
상처는 마귀가 침입하는 약점이 될 수 있다. 상처로 인하여 마음에서 거부하는 것이 있을 수 있다.

자. 하나님을 만난 경험이 자신의 실생활에 준 영향 써보기

차. '죽음에 이르는 7가지 죄악'이라는 책을 읽어보기

4. 자신의 신앙이 서 있는 바탕을 알아보는 체크 포인트

가. 어떻게 기독교 신앙을 가지게 되었는가?
회개한다는 뜻을 이해하는가?
세례를 받기 전에 무슨 죄를 회개하였나?
회개한 후 다짐한 새로운 결단은 무엇인가?

나. 나의 주인이 바뀌었나?
주인이 바뀌었다면 타인에게 어떻게 증명하는가?
하나님 말씀과 성령님의 감동에 얼마나 순종하는가?
만사를 주인에게 물어보고 행동하는가?

다. 하나님 나라에 대하여 아는가?
어떤 곳인지 친구에게 설명할 수 있는가?

하나님 나라 안에서 살고 있다고 확신하는가?
하나님 나라는 몇 개가 있다고 믿는가?

라. 성령님은 어떤 분이신가?
성령님은 당신과 어떤 관계를 맺고 있는가?
성령님의 임재를 감지하고 있는가?
어떤 현상으로 당신의 임재를 나타내는가?
성령님께서 무엇을 좋아하시는지 아는가?
성령님이 인격체인 것을 경험하고 있는가?
지금 당신이 주님이라고 부르는 분은 누구신가?
혹시 하나님, 예수님 그리고 성령님이 당신이 하나님의 자녀로 사는데 어떤 역할을 하시는지 설명할 수 있나?
성령님은 당신에게 오셔서 어떤 일을 하시나?
성령님은 당신에게 언제 당신 자신을 나타낸다고 확신하는가?

마. 죄란 무엇인가?
성도가 된 후 당신의 삶과 이전의 삶의 차이를 말할 수 있는가?
죄에 대하여 모든 사람들이 연약함을 가지고 있다.
당신에게 아직 남아 있는 연약함은 무엇인가?
그 연약함을 극복하기 위해 하는 일은 무엇인가?
이미 버린 죄는 무엇이고 버려야 할 죄가 무엇인지 알고 있는가?

바. 성화에 대하여 정확하게 이해하는가?
성화하는 것이 당신에게 의무인가? 선택인가?
성화는 어떻게 이루어지나?

성화는 한 번에 이루어지나? 아니면 이루어져 가나?
성화는 언제부터 해야 하나?
성화를 이루기 위하여 하는 일이 무엇인가?
성화를 이루어 나가기 위해 누구의 도움이 필요한가?

사. 마귀의 다른 이름을 아는가?
마귀가 하는 일이 무엇인가?
마귀가 지금 찾고 있는 사람들은 누구인가?
마귀의 성품과 특징을 아는가? 한 번 적어보자.
마귀를 초청하는 방법을 알고 있는가?
마귀를 쫓아내는 법을 알고 있는가?
마귀를 초청한 적이 있는가?
마귀를 쫓아낸 적이 있는가?
마귀는 누구에게 들어오는지 아는가?
마귀가 침투하기 쉬운 당신의 약점은 무엇인가?
아담과 이브가 에덴동산에서 하나님을 거역한 후 하나님과 관계에서 어떻게 되었나?
아담과 이브는 에덴동산에서 쫓겨난 후 누구의 지배를 받게 되었나?
세상 사람들은 영적으로 누구의 지배를 받고 있는가?
욥이 당하는 고난을 하나님과 마귀가 보고 있었다고 생각하는가?
지금 당신의 언행을 누가 보고 듣고 있다고 생각하는가?

아. 버려야할 악한 성품들(고쳐야 할 성품들)은 무엇인가?
이미 버린 악한 성품들(이미 고친 성품들)은 무엇인가?
버렸다가 다시 불러들이는 죄들(고쳤다가 다시 반복되는 성품들...)은 없나?
항상 감사하는 생활을 하는가?
영적인 면에서 감사할 요건은 무엇인가?
육신적, 물질적인 면에서 감사할 요건은 무엇인가?
감사하지 못하는 원인이 무엇인지 알고 있나?

자. 쉬지말고 기도하라
이 말씀을 어떻게 실행하고 있는가?
제안: 반복 기도(Mantra)
시간의 십일조를 드릴 마음이 없는가?

5. 항상 외우고 있어야 할 13가지 주제 성경말씀

신자가 꼭 외우고 있어야 할 성경 말씀을 발췌해 보았다.

가. 너희는 하나님의 전이다

[16]너희는 너희가 하나님의 성전인 것과 하나님의 성령이 너희 안에 계시는 것을 알지 못하느냐 [17]누구든지 하나님의 성전을 더럽히면 하나님이 그 사람을 멸하시리라 하나님의 성전은 거룩하니 너희도 그러하니라 (고전 3:16-17)

나. 너희는 하나님의 자녀이다

만일 너희 속에 하나님의 영이 거하시면 너희가 육신에 있지 아니하고 영에 있나니 누구든지 그리스도의 영이 없으면 그리스도의 사람이 아니라 (롬 8:9)

무릇 하나님의 영으로 인도함을 받는 사람은 곧 하나님의 아들이라 (롬 8:14)

성령이 친히 우리의 영과 더불어 우리가 하나님의 자녀인 것을 증언하시나니 (롬 8:16)

다. 너희를 홀로 두지 아니하신다.

나를 보내신 이가 나와 함께 하시도다 나는 항상 그가 기뻐하시는 일을 행하므로 나를 혼자 두지 아니하셨느니라 (요 8:29)

라. 너희는 성령을 소멸하지 말아야 한다.

성령을 소멸하지 말며 (살전 5:19)

마. 너희는 성령을 쫓아 행하여야 한다

¹⁶내가 이르노니 너희는 성령을 따라 행하라 그리하면 육체의 욕심을 이루지 아니하리라 ¹⁷육체의 소욕은 성령을 거스르고 성령은 육체를 거스르나니 이 둘이 서로 대적함으로 너희가 원하는 것을 하지 못하게 하려 함이니라 (갈 5:16-17)

바. 이 세상에는 하나님의 자녀와 마귀의 자녀가 있다.

죄를 짓는 자는 마귀에게 속하나니 마귀는 처음부터 범죄함이라 하나님의 아들이 나타나신 것은 마귀의 일을 멸하려 하심이라 (요일 3:8)

이러므로 하나님의 자녀들과 마귀의 자녀들이 드러나나니 무릇 의를 행하지 아니하는 자나 또는 그 형제를 사랑하지 아니하는 자는 하나님께 속하지 아니하니라 (요일 3:10)

사. 너희는 마귀를 대적해야 한다

그런즉 너희는 하나님께 복종할지어다 마귀를 대적하라 그리하면 너희를 피하리라 (약4:7)

아. 너희는 구원을 이루어 가야 한다

그러므로 나의 사랑하는 자들아 너희가 나 있을 때뿐 아니라 더욱 지금 나 없을 때에도 항상 복종하여 두렵고 떨림으로 너희 구원을 이루라 (빌 2:12)

자. 신자에게 죄가 없다고 말할 수 있는 순간은 없다.

내가 자책할 아무 것도 깨닫지 못하나 이로 말미암아 의롭다 함을 얻지 못하노라 다만 나를 심판하실 이는 주시니라 (고전4:4)

자기 허물을 능히 깨달을 자 누구리요 나를 숨은 허물에서 벗어나게 하소서 (시19:12)

차. 신자는 영적 쓰레기를 알고 있어야 한다.

[19]육체의 일은 분명하니 곧 음행과 더러운 것과 호색과 [20]우상 숭배와 주술과 원수 맺는 것과 분쟁과 시기와 분냄과 당 짓는 것과 분열함과 이단과 [21]투기와 술 취함과 방탕함과 또 그와 같은 것들이라 전에 너희에게 경계한 것 같이 경계하노니 이런 일을 하는 자들은 하나님의 나라를 유업으로 받지 못할 것이요 (갈 5:19-21)

카. 신자는 자신의 언행이 생산하는 득실을 알고 있어야 한다.

> 모든 것이 가하나 모든 것이 유익한 것은 아니요 모든 것이 가하나 모든 것이 덕을 세우는 것은 아니니 (고전 10:23)

타. 신자는 여호와 하나님이 하신 일을 알아야 한다.

> 나는 너를 애굽 땅, 종 되었던 집에서 인도하여 낸 네 하나님 여호와니라 (출 20:2)

파. 신자는 하나님의 것을 도적질하지 말아야 한다.

> ^{9}너희 곧 온 나라가 나의 것을 도둑질하였으므로 너희가 저주를 받았느니라 ^{10}만군의 여호와가 이르노라 너희의 온전한 십일조를 창고에 들여 나의 집에 양식이 있게 하고 그것으로 나를 시험하여 내가 하늘 문을 열고 너희에게 복을 쌓을 곳이 없도록 붓지 아니하나 보라 (말 3:9-10)

아담과 이브는 하나님의 것을 도적질하여 저주를 받은 최초의 사람이다. 위에서 소개 한 13개 성경구절을 항상 외워 마음에 새김으로 자신의 영혼을 일깨우고 마귀의 공격에 대비하자. 그래서 하나님께 영광을 돌이는 신자의 생활이 되자.

> 값으로 산 것이 되었으니 그런즉 너희 몸으로 하나님께 영광을 돌리라. (고전 6:20)

정기적으로 자신의 신앙의 현주소가 어디에 있는지 솔직하게 찾아보자. 성령님의 도움을 받아 버려야 할 것은 버리고 약한 것은 보충하고 성령님이 생산하시는 열매를 생활 속에서 맺어 거룩함에 이르는 성장을 지속해 나가자.

아테흐(Atef)의 말대로 거듭남으로 잉태한 씨는 신자 안에서 성숙해서 생명이 되고, 그 생명은 자라서 아기가 되어 출산되어야 한다. 아기를 안은 부모가 기뻐하듯이 거듭남으로 기쁨을 주어야 한다. 즉 거듭난 신자는 거룩한 열매를 맺어 그것을 이웃과 함께 즐겨야 한다. 생활 속에서 그리스도를 전하는 신자가 되는 것이 하나님이 기뻐하시는 모습이고 신자가 해야 할 빛과 소금의 역할이다. 이것이 성숙되어가는 크리스천의 모습이다.

우리 생명이신 그리스도께서 나타나실 그 때에 너희도 그와 함께 영광 중에 나타나리라 (골 3:4)

글을 마치며

　이 땅의 삶을 마치면 천국에서 영원히 새로운 삶을 살아야 한다. 이를 위해서 우리가 천국과 지옥을 알기 전에 하나님께서 이미 천국에 들어갈 준비를 해놓으셨다. 알아야 할 것은 천국은 쉽게 들어가는 것이 아니다 라는 것이다.
　하나님, 예수 그리스도, 성령님을 자신의 참 주인으로 모시고 이 땅에서 사는 신자만이 아버지 뜻대로 사는 진정 변화된 삶을 살 수가 있는 것이다. 그 신자만이 천국에 들어갈 수가 있는 것이다.

　나더러 주여 주여 하는 자마다 다 천국에 들어갈 것이 아니요 다만 하늘에 계신 내아버지의 뜻대로 행하는 자라야 들어가리라 (마 7:21)

　다시 말해 예수 그리스도를 믿어 성령님을 만나 그분을 주인으로 모시고 동행하여 좁은 길을 걸어가는 신자만이 천국에 들어가게 된다.

  이 땅에서부터 경험되는 천국은 평강의 아주 작은 부분을 맛보는 것으로 시작이 된다.
  말씀과 성령님의 인도를 따라 삶으로써 그 맛을 놓치지 말아야 한다. 매일 매일 주시는 새 생명, 새 정신, 새 시간, 새 기회, 새 날을 성령님과 더불어 빚음으로써 하나님이 받으시는 거룩한 것을 생산하자.

책을 덮으며
예수 그리스도만이 나의 인생의 유일한 주인인지 주님에게, 그리고 자신에게 물어보자. 그 증거가 무엇인가? 아멘

이요나 목사 (미국 시카고 거주)

이요나 목사

- North Park Theological Seminary(ATS) M-DIV(1985)
- Northern Baptist Theological Seminary(ATS) D-MIN(2003)
- jonahlee05@gmail.com

참고 서적

- 성령과 마귀; 이진성, 미성문화원 2014
- 마귀론 대해부; 두란노 1992
- 외면당하는 십자가; 허 벤허, 하늘 양식 2011
- Atef Meshreky, Prayer and Prophesying; Anchor Publishing 2014
- Kingdom of God & The End Times; Anchor Publishing 2015
- The Inner man & The Formation of Christ; Shine international 2016
- Beasly-Murray, Baptism in the New Testament; Eerdmans Publishing 1962
- Bert Ghezzi, Prayer to the Holy Spirit; the Word among us 2014
- Donald Haggerty, Conversion; Ignatius 2017
- Donald Guthrie, New Testament Theology; Inter°Varsity 1981
- Damian Stayne, Lord, Renew Your Wonders; the Word among us

2017
- David Mathis, Habits Of Grace; Crossway 2016
- David Eckman, Becoming Who God Intended; Harvest House Publisher 2015
- Edward Sri, Into His Likeness; Ignatius 2017
- George E. Ladd, A Theology of The New Testament; Eerdmans Publishing 1974
- George T. Montague, SM, Holy Spirit; the Word among us 2008
- Herbert Lockyer, All the Doctrines of the Bible; Zondervan 1964
- K.A. Schneider, Experiencing the Supernatural; Chosen Book 2017
- Self-deliverance; Chosen Book 2015
- Lester Sumrall, Demonology & Deliverance(I,II); Sumrall Publishing 2001
- Martyn Lloyd-Jones, The Kingdom of GOD; Crossway 2010
- Mahesh Chavda, Speaking in Tongues; Destiny Image 2003
- Mounce's Dictionary of Old & New Testament Words, Zondervan 2006
- Robert Spitzer, S.J. The Soul's Upward Yearning; Ignatius 2015
- Simon Pulse, Seven Deadly Sins; 2006
- Stephen F. Olford, not I but Christ; Crossway Books 1995
- What the Bible says to the believer; Leadership Ministries Worldwide 2011

그 외 다수의 단편 논문들